CATA DE VINOS

CATA DE VINOS

TODAS LAS TÉCNICAS PARA DOMINAR EL ARTE DE LA CATA

JUAN MUÑOZ RAMOS

Fotografías de Oriol Aleu
Ilustraciones de Ester Angelats

LIBROS CÚPULA

Este libro no podrá ser reproducido, ni total ni parcialmente,
sin previo permiso escrito del editor.
Todos los derechos reservados

Diseño de cubierta: Marina Krenn
Compaginación: Jordi Salvany

Primera edición: marzo de 2006

© del texto, Juan Muñoz Ramos, 2006
© de las fotografías, Oriol Aleu, 2006
© de las ilustraciones, Ester Angelats, 2006

© Scyla Editores, S. A. 2006
Av. Diagonal, 662-664, 08034 Barcelona (España)
Libros Cúpula es marca registrada por Scyla Editores, S. A.
Coedición con Timun Mas

ISBN: 84-480-4710-9
Depósito Legal: B. 7.177-2006

Fotocomposición: Víctor Igual S. L.
Impresión y encuadernación: Egedsa
Impreso en España - Printed in Spain

Agradecemos la colaboración de:

Institut del Cava, C.R. de Jerez-Xerez-Sherry-Manzanilla de San Lúcar de Barrameda, Bodegas Oremos-Vega Sicilia, Restaurante Calasanz (Molins de Rei), Agustí Torelló Mata y Sibill, Luis Prats Sedó, Bodegas Torres, Bodegas Casa de la Ermita, Bodegas Viñas del Vero, Bodegas Unió Agraria y Freixenet.

Dedicado a María Teresa Sedó y a Marc Muñoz
por aguantar y comprender
A Almakio Basurto Durán en su nacimiento (México DF)

AGRADECIMIENTOS

Agustí Torelló Sibill («La cata de los espumosos»), All Wines, Ángel Casas (mi maestro audiovisual), Bodegas Torres y familia, por su fotos y colaboración, Bodegas Unió (Lluís Prats y Felip), Centro de Información del Champagne (Barcelona), CETT-Barcelona, Consejo Regulador de Jerez (Jorge Pascual y César Saldaña), Escuela Superior de Hostelería de Barcelona, Familia Álvarez (Vega Sicilia) y Rafael Alonso, Institut del Cava, Instituto del Vino de Oporto, Restaurante Calasanz (Molins de Rei), Robert Bermell y Mercè G. Torondel (mis socios) y UAES-ASI.

ÍNDICE

Agradecimientos 11
Introducción 13

Clima, tierra y hombre 15
   De la cepa al vino 15
      ¿Producen las cepas viejas mejor vino? 16
      ¿Cuántas cepas por hectárea? 16
      ¿De riego o de secano? 16
   Suelo 17
   Clima y vid 19
      Clasificación 19
   La poda 22
      Sistemas de poda 22
   Componentes de la uva 23
   Maduración de la uva 24
   El color de la uva 25
   Aroma y sabor en la uva 26
      Aroma 26
      Sabor 26
   La vendimia 27
      Vendimia manual o vendimia mecánica 27
   La vinificación 28
      Vino tinto 28
      Vino blanco 32
      Vinos rosado y clarete 34
   Composición del vino 36
      Relación de componentes 36
   Crianza 38
      Envases de roble y barricas 40
      El roble y el vino 42
         Importancia del tostado del roble 43
         Incidencia del roble en la cata 45
      Otras maderas 46
      Los estilos de vino en cata 46
      El vidrio en la crianza 48
      Importancia del corcho 50

  Tipos de vino 53

Legislaciones principales 56
  El etiquetado de los vinos 56
  Menciones clásicas y países 61

La bodega en casa 63
  Observación de los vinos en el envejecimiento 66
    La compra de vinos viejos 66
    Corchos, tapones y vino 67
    Una barrica en la bodega 68

El vino y su servicio 69
  Los vinos y su temperatura 71
    Los vinos y su temperatura en la cata y el servicio 72
    ¿Apertura anticipada? 73
    Apertura de los vinos espumosos 74
  Decantar o trasvasar 75
  El cristal y su historia 76
  Las copas y los vinos 76
    El cuidado de las copas 78

Maridajes 79
  Vino y gastronomía 79
  Maridajes genéricos 82
  El vino en el aperitivo 84

Los componentes del vino 85
  Las sustancias colorantes 85
  Las sustancias aromáticas 86
    Los aromas primarios 86
    Los aromas secundarios 86
    Los aromas terciarios 87
  Las sustancias dulces 88
  Las sustancias ácidas 88
  Las sustancias saladas 89
  Las sustancias amargas 89

El equilibrio en los vinos 90
  El equilibrio y la interferencia entre los sabores 92
  Los equilibrios aromáticos 95

La cata: tipos y técnicas 96
Definición de cata 96
Objetivos de la cata 99
En la cata profesional 100
Los tipos de cata 100
La cata analítica 100
La cata teórica 101
La cata aplicada 101
La cata hedonista 101

Examen: fase visual 102
Color 102
La paleta de colores 105
Intensidad, matiz, capa y estado 106
Limpidez, transparencia y brillo 107
La fluidez 107

Examen: fase olfativa 109
La fisiología 109
Aroma 112
Expresiones y términos sobre las cualidades del vino . . 112
División de los aromas según Max Léglise 113
Aroma versus buqué 116
Los aromas primarios. La uva 116
Los aromas secundarios. La fermentación . . . 116
Los aromas terciarios. El buqué 116

Examen: fase gustativa 118
La fisiología del gusto 118
Lo antiguo del gusto 118
Lo actual del gusto 119
La transmisión de la señal 119
Las sensaciones gustativas en la boca 120
Las sustancias sápidas del vino 120
La vinosidad 122
La permanencia gustativa 123

Defectos del vino y su origen 124

Vamos a catar 126
El examen visual 127

El examen olfativo 128
El examen gustativo 128
  Pequeñas prácticas sobre el examen gustativo 129
Ejercicio de retroolfacción 129
Otros exámenes interesantes 130
Las fichas de cata 130
El vocabulario de cata 133

La cata por imágenes 134
El bloc de cata 138

Anexo I. Los vinos especiales 140
Introducción 140
Los vinos de Jerez 143
  El jerez y las copas 145
Los vinos de Montilla-Moriles 146
Otros generosos y dulces 147
  Los nuevos vinos dulces españoles 147
El oporto 148
Los vinos de botritis 151
  Los diferentes tokajis a través de la historia 153
Los vinos espumosos 153
  ¿De dónde vienen las burbujas? 153
  Cava o champagne: la gran confusión y la gran diferencia . 158
  La longevidad de los vinos espumosos 160
  La cata de los vinos espumosos 160
    La copa 161
  Parámetros de cata en los espumosos 162
  Sentir, observar, catar 164
  El cava y sus maridajes 168
    El cava y los postres 169

Anexo II. Uvas 171

Glosario 202

INTRODUCCIÓN

Sobre la cata, su estudio y su arte se ha escrito mucho, pero como constituye un mundo tan amplio, nunca se ve el fin. La cata es un arte mediante el cual, a partir de unos parámetros básicos, se descubren miles de matices en cada uno de los componentes que forman determinado producto.

En el caso del vino, dadas su variedad y su calidad cambiante en función del año vitícola, así como de los coupages, de las variedades de uva, de las técnicas de vendimias y de elaboración, de las maderas, de su origen y tratamiento térmico, y de infinidad de influencias de todo tipo, cada año nos puede sorprender, y cada año habrá un aroma y sabor nuevos a explorar. En realidad, se han identificado ya cerca de 700 sustancias de las 1 000 que se estima que existen en el vino, y no hay duda de que pronto se alcanzará esta última cifra.

Pero la cata denominada hedonista —la cata para el disfrute personal, los conocimientos para poder identificar la calidad o las características de un vino en el momento de comprar o bien al pedir en un restaurante— ha de ser algo más sencillo y práctico, algo menos complicado. En realidad, si nos basamos en los parámetros clásicos que marcan la personalidad de un vino y sabemos leer en sus aromas y sabores, éstos ayudarán a identificar con claridad todo aquello que nos preocupa cuando nos ponemos ante una copa de vino: analizar su limpieza, familias aromáticas, identificar la uva o uvas dominantes, su acidez, cuerpo, tonicidad, acción de la madera, estilo, longevidad, etcétera.

Pero ante todo, y después de una lectura atenta y llevada a la práctica, la cata es el arte de disfrutar, lejos de un mundo complicado y sofisticado que parece hecho para cuatro escogidos. Todos podemos aprender a catar, tal es la intención de este libro.

CLIMA, TIERRA Y HOMBRE

DE LA CEPA AL VINO

Si se empieza por el final, una copa de vino es el compendio, la suma, la conjunción que, al beberla, deja en los sentidos la memoria de una tierra, de un vegetal, de una gota de rocío, de una estación soleada...

Los factores que intervienen en la consecución de la calidad de un vino son muy diversos y, todos y cada uno, de gran importancia: cepa, suelo, clima, añada, procedimiento de vinificación, crianza, etcétera.

La cepa transmite sus características propias al vino; la variedad es, además, determinante, tanto que de ella resultan vinos diferentes en viñedos situados en las mismas regiones e idéntica calidad de suelo.

La influencia del suelo es decisiva en el ciclo vital de la cepa. Puede afirmarse que, en general, de los terrenos arenosos y silíceos resultan vinos finos, de poco cuerpo, en tanto que de los arcillosos y calcáreos, así como de los pedregosos de cantos rodados y grava, bien drenados, surgen vinos robustos y de gran cuerpo.

La aportación del clima también es notable para la calidad del vino, tanto para lo bueno como para lo malo. En una misma zona vitícola, cada microclima es diferenciador. Los vinos más ricos en azúcar y con menos acidez se originan en las tierras más expuestas al sol; en cambio, los más enjutos, más ácidos y con menor graduación es posible que procedan de una plantación a la que una montaña haga sombra en las horas centrales del día. Aunque concurren otros factores en la caracterización de la añada es, finalmente, el clima de los meses de julio y agosto el que da personalidad al vino... o se la quita. Una lluvia a destiempo puede marcar la diferencia.

Son muchos los temas referidos a la calidad final de un vino y sobre los cuales se plantean repetidamente interrogantes.

¿Producen las cepas viejas mejor vino?

Cuando una cepa ha alcanzado todo el desarrollo de su madera, necesita menos aportaciones del suelo para su propio sostén. El excedente que extrae de la tierra se dirige hacia los granos de uva. Éstos, en consecuencia, tienen mayor concentración de todos los elementos obtenidos del suelo y se los aporta al vino. El envejecimiento de la cepa lleva consigo la disminución de su productividad y es posible que la mayor calidad esté acompañada de una producción más corta.

¿Cuántas cepas por hectárea?

El número de vides que se han de plantar o a las que da cabida una hectárea es otro tema que interesa mucho al hablar de calidad. En general, el desconocimiento conduce a respuestas preconcebidas que son erróneas. Desde las 10 000 cepas por hectárea plantadas en los viñedos de Champagne o los de Borgoña, hasta las 1 300 que se alojan en los de La Mancha o los de Grecia, hay infinidad de densidades. Ambos extremos son consecuencia de las condiciones climáticas locales (insolación y humedad). En Borgoña es casi obligatoria tal cantidad de cepas, con poca producción cada una. De otra manera, se obtendría poco vino. En La Mancha, las altas temperaturas resultantes tanto de la latitud como de la insolación conllevan una mayor evaporación y la disminución de la humedad en el suelo. Incrementar el número de cepas no haría mejor el vino y hasta es posible que la competencia entre las plantas por la escasa humedad anulase su productividad. Según el territorio español en que se piense, puede que 2 000 o 3 000 cepas por hectárea sean demasiadas, en tanto que para alguna zona vitícola de Francia sean pocas.

¿De riego o de secano?

Al comer una fruta, paladear su sabor y percibir su aroma, todo el mundo aprecia las bondades del secano. Pero aquella fruta, como las demás, también depende de su año climático. Cuando se hace referencia al riego del viñedo se habla sobre todo del sistema «de goteo». El propósito de todo viticultor es conseguir la máxima calidad y, en concordancia con el mismo, procura proporcionar a las cepas la humedad que necesitan. Ha de permanecer atento a las variables meteorológicas, como la temperatura y la evaporación, y si decide utilizar el riego, y lo hace de forma controlada, la calidad no se ve mermada.

SUELO

La productividad de un viñedo está condicionada por el suelo en el que se asienta. Un suelo pobre que, al mismo tiempo, escurre demasiado es casi seguro que no contribuirá a la obtención de un buen vino, además de que el volumen será bajo.

El agua retenida en el suelo en forma de humedad puede controlarse con un drenaje adecuado y una inclinación apropiada del terreno; estas condiciones son de gran importancia para los resultados finales.

Otros factores que influyen en el terreno son los propios del entorno natural en el que está situado: la altitud, la continentalidad, la orientación a la insolación, etcétera. En el hemisferio norte, el sol tiene mayor incidencia en los viñedos orientados al sudeste. En la península Ibérica, por ejemplo, según la latitud, las temperaturas disminuyen aproximadamente 0,5 °C por cada cien metros que aumenta la altura. La presencia de corrientes de agua y lagos cercanos a su ubicación también influye, a causa de la refracción de la luz solar en sus aguas. Los bosques naturales o las plantaciones de árboles con destino industrial sirven de barrera a la fuerza de los vientos y protegen los viñedos de los procedentes de latitudes frías, mientras que las montañas con capa vegetal proporcionan contrastes térmicos.

Suelos de grava y canto rodado

Suelos arcillocalcáreos
Fotos: Bodegas Torres

SUELOS Y CALIDADES PREVISIBLES

TIPOS DE SUELO	CALIDAD DEL VINO
Arcilla	Vinos poco finos
Arcilla caliza	Vinos finos, con buqué y no muy alta graduación alcohólica
Arcilla ferruginosa	Vinos alcohólicos y de color subido
Arena	Vinos brillantes, suaves y poco alcohólicos
Arena caliza	Vinos alcohólicos y secos
Caliza	Vinos de gran cuerpo, apropiados para crianza y finos
Grava	Vinos con cuerpo y extracto con recuerdos minerales
Canto rodado	Vinos de extracto y generosos, minerales como pedernal
Granítico y arenoso	Vinos francos y limpios
Pizarroso (genérico)	Vinos minerales con notas de tostado
Pizarra blanca	Vinos más frutales, minerales como piedra seca (granito)
Pizarra negra	Vinos dominando el mineral que recuerda a fenoles (petróleo)
Volcánico	Vinos de aromas quemados y yodados
Cenagoso	La vid no vegeta
Suelo fértil y compacto	Vinos poco finos y de corta conservación
Suelo húmedo o de regadío	Producen gran cantidad de vino, cuya calidad, si no se cuida, puede ser baja

CLIMA Y VID

El conjunto de los fenómenos meteorológicos de una área geográfica determinada conforman su clima. Estos fenómenos tienen una influencia especial en el ciclo de la vid y en la calidad de sus frutos.

La parte aérea de la planta, en contacto con la atmósfera, recibe en primer lugar las fluctuaciones climáticas (humedad, frío, sequedad, lluvia, viento, etcétera), y es la receptora fundamental de los beneficios de la luz solar. Obviamente, lo que importa para las plantas (para la vid también) es que estos fenómenos se sucedan coordinados y con el máximo equilibrio a lo largo del ciclo climático característico de la región.

CLASIFICACIÓN

El geógrafo y climatólogo C. Warren Thornthwaite, en un estudio que se prolongó diecinueve años, propuso a la comunidad científica una clasificación de los distintos climas dominantes en el planeta. Esta clasificación incluye, con varios estadios de enlace, los siguientes: árido, semiárido, húmedo, perhúmedo, subhúmedo y subhúmedo seco.

Acercando esta clasificación a una especie como la vid, y teniendo en cuenta la influencia que estos factores tienen para su cultivo y rendimiento, son climas áridos aquellos en los que no hay presencia de lluvias o en los que la pluviometría es tan baja que no permite completar el ciclo de la planta. Se consideran húmedos aquellos en los que la persistencia de las lluvias anega los suelos a lo largo del período vegetativo o impide completar algunas de las fases del mismo.

Viñas y paisajes del Penedès

Lo que importa de la clasificación de Thornthwaite es, a efectos del cultivo de la vid, la presencia o ausencia de agua y el contenido presente en forma de humedad o sequedad en el suelo donde se asienta la planta.

Al inicio de este apartado se hace referencia a los fenómenos climáticos como un conjunto; hay que sumar a los consignados el cómputo de horas de insolación del lugar, la extensión del período de heladas, la ausencia o pertinacia de vientos y las oscilaciones térmicas, tanto las diarias como las estacionales.

Climas equilibrados serían aquéllos localizados en las regiones en que las lluvias equilibran o armonizan la humedad con la aridez. Además, la conjunción de oportunidad y el ciclo vegetativo contribuyen a los resultados productivos y de calidad que todo viticultor tiene como expectativas.

Por ejemplo, unas vides situadas en zonas muy húmedas pueden retener demasiada cantidad de agua en la superficie de las hojas y, en consecuencia, verse afectadas por epidemias de hongos u otro gran número de enfermedades; como solución para una mejor ventilación y alejamiento de la parte aérea de la planta, se procura dejarla crecer en sentido vertical, lo que facilita la aireación y favorece una mayor salud a la cepa.

Los factores variables que conforman el clima influyen en lo que se conoce como añadas (año de elaboración del vino). Se considera que cuatro de los factores que determinan un clima son los principales elementos en la calificación de una añada: la luz, contabilizada como las horas de sol necesarias para la fotosíntesis (en este caso, recordemos que la mejor insolación, en el hemisferio norte, la obtienen los terrenos orientados al sudeste); el viento; la temperatura (suma de las temperaturas activas, superiores a 10 °C, registradas desde el primero de abril al 31 de octubre, con resultado superior a los 1 000 °C), y la pluviometría, expresada en milímetros cuadrados (mm^2), la cual registra el nivel de agua que, de manera natural, recibe la planta.

Los climas óptimos para el desarrollo de la vid son los templados o subtropicales. La pluviosidad media de los climas semiáridos o subhúmedos secos posibilita igualmente que la vid prospere. Por su parte, la humedad excesiva provoca enfermedades en la planta, además de una menor evaporación a través de las hojas, pérdida de consistencia de los tejidos y granos de uva más grandes pero de sabor insípido. En la situación opuesta, es decir, en los suelos excesivamente secos como resultado de la mayor insolación, es preciso tener en cuenta que, por término medio, la vid evapora 120 mm^2 anuales de agua; las zonas mejores son las que registran lluvias entre los 400 y los 600 mm^2 anuales, teniendo en cuenta que lo máximo que absorbe la planta del suelo es aproximadamente la tercera parte del agua acumulada.

Por lo tanto, puede concluirse lo siguiente:

En relación con la temperatura: si el período de vegetación se prolonga ciento veinte días, la suma de las medias diarias de esos cuatro meses deberá ser igual o superior a la de un año normal.

En cuanto a la lluvia: la media idónea deberá situarse entre 300 y 600 mm^2.

La actividad solar: además de la insolación, al parecer las *manchas solares* tienen incidencia en las grandes cosechas vitivinícolas; la *insolación:* para la maduración de la uva se necesita una cantidad determinada de horas de sol; se considera prácticamente óptimo que al menos dos terceras partes de los ciento veinte días del período vegetativo de la planta hayan sido claros y despejados.

Las heladas primaverales y los vientos secos: estos dos componentes climáticos se consideran negativos para el desarrollo de la vid; las primeras pueden ocasionar la pérdida de la cosecha, mientras que los segundos influyen en la reducción y el secado del fruto.

Las lluvias después del envero: la abundancia de precipitaciones pueden favorecer el desarrollo de enfermedades como el mildiu.

El cultivo de la vid, tanto en su aspecto productivo como en la calidad del vino resultante, está estrechamente relacionado con los tipos de terreno, de suelo y de clima.

ÁREAS CLIMÁTICAS Y CARACTERÍSTICAS DE LOS VINOS

Área atlántica (Galicia y Burdeos):	Vinos con acidez alta, grado alcohólico medio y presencia de ácido málico
Área atlántico-continental (Rioja Alta, interior de Galicia, León y norte de Navarra):	Vinos bien equilibrados, de buen grado alcohólico y elegantes
Área atlántico-mediterránea (sudoeste de España):	Vinos ricos en alcohol y bajos en acidez
Área continental-mediterránea (todo el centro, noroeste y sudoeste de España):	Vinos con buena graduación alcohólica, acidez ligeramente baja y aromas frescos
Área mediterránea (toda la franja anexa al mar Mediterráneo):	Vinos con cuerpo, aromas muy maduros y ricos en alcohol

LA PODA

La vid sin cuidados culturales desarrolla un largo tronco y produce frutos muy pequeños y poco ácidos, que no alcanzan la calidad necesaria para la elaboración del vino. Del mismo modo que otras muchas plantas de cultivo, la vid necesita de una poda que conduzca el crecimiento y regule su producción y la calidad de sus frutos.

La aplicación de los distintos sistemas de poda depende de las variedades, donde cada una tiene su porte y una disposición particular del tallo y de brazos y sarmientos. Lo único en común que poseen las diferentes modalidades de poda es la época en que se realiza la operación: en invierno. En esta estación del año, la vid mantiene activo sólo su esqueleto esencial y la savia no circula, por lo que, aunque se eliminen los sarmientos o los brazos, la planta reiniciará su ciclo sin dificultad.

La función principal de la poda es la eliminación de las ramas que se consideran excedentes, dejando a la cepa el número de yemas adecuado para obtener el mejor fruto posible. Se ha constatado que una cepa muy productiva nunca proporciona vinos de calidad; en general, puede afirmarse que, cuanto menor sea el número de yemas que tenga una vid, más fuerte se conservará y mejor resistirá los rigores de los climas fríos, incluso las heladas.

En la actualidad, las matemáticas ayudan a determinar los factores de calidad y carga óptima de la planta para cada año, lo cual permite saber el nivel de calidad medio de cada zona.

Como se ha dicho antes, la poda fundamental se lleva a cabo en invierno pero, en ocasiones, es necesaria una segunda poda correctora. Ésta, también llamada verde, se practica a comienzos de la primavera en aquellos casos en que los brotes se hayan desarrollado demasiado. Ha de tenerse presente que el exceso de follaje impide la correcta ventilación, así como el paso de la luz y la maduración uniforme de los frutos, además de propiciar la presencia de insectos y el desarrollo de enfermedades.

SISTEMAS DE PODA

En primer lugar hay que definir las finalidades de la poda, que son dos: la formación y la producción. En una primera etapa de la vida de un viñedo pueden coexistir. Las podas de formación y de producción son las que se aplican, respectivamente, a los viñedos recientes y a los de varios años. El objetivo de la primera es crear un tronco recio y unos brazos robustos, y conducir a la cepa a una determinada figura. La segunda, la poda de producción, tiene como finalidad que la planta produzca la máxima cantidad de buenos frutos, asegurando que las yemas dan lugar a sarmientos fértiles.

Las cepas pueden podarse de diferentes maneras, pero en general se aplican tres sistemas principales: vaso, cordón y palmeta. La menos utilizada es la poda en vaso, que consiste en conformar cepas bajas con tres o cuatro brazos con pulgares o varas.

Mediante la poda en cordón se consigue un tallo muy largo, con brazos cortos terminados en sarmientos provistos de un par de yemas.

Por último, la poda en palmeta, la más habitual, conforma la planta con un tallo corto y brazos no muy largos pero muy visibles. Los viñedos podados en palmeta conforman las largas filas de postes de madera o metálicos, enlazados con alambres, que les dan un sello peculiar. Las cepas se alternan con los postes, y los largos sarmientos, enrollados en los alambres, disponen de un pulgar de dos yemas y una vara de seis pulgadas, mientras que los troncos son de porte bajo o altura media.

COMPONENTES DE LA UVA

La calidad del vino y el volumen de la cosecha están determinados por el crecimiento y la maduración de la uva. La materia prima es decisiva en este aspecto.

COMPOSICIÓN DE LA UVA

SUSTANCIAS	RASPÓN	HOLLEJOS	PULPA	PEPITAS
Agua	++		+++	
Azúcares			+++	
Ácidos orgánicos			+++	
Sales minerales	+++		++	
Fenoles Taninos Colorantes	+++	+++ +++		+
Celulosa, pectina		++	+	
Sustancias aceitosas				+
Sustancias aromáticas		+++	+	

+ poca cantidad   ++ cantidad media   +++ mucha cantidad

La maduración tiene influencia directa en el desarrollo de los aromas y en el equilibrio de los sabores, por lo cual debe prestársele especial atención.

El racimo se compone de dos partes principales: una estructura leñosa, el raspón, también llamado raspa o escobajo, y los granos de uva, que cuelgan de aquél. Los granos están compuestos por pulpa y semillas o pepitas contenidas por el hollejo.

A través del análisis químico de ambos componentes del racimo puede conocerse qué sustancias podrán incorporarse al vino en el proceso de fermentación. En el cuadro *Composición de la uva* se informa de las sustancias presentes en las distintas partes del racimo. (Por ejemplo, elaborar un vino con los raspones en el mosto, evidentemente no da los mismos resultados que haberlos quitado antes de iniciar la fermentación.)

El sabor, el aroma y la mayor parte del color del vino lo aportan, sobre todo, las pieles. El agua y los azúcares, presentes en el mosto, que durante la fermentación se convierten en vino, se encuentran en la pulpa. Por último, las pepitas o semillas aportan al vino trazas de taninos, sustancia que le confiere carácter y contribuye a su conservación.

MADURACIÓN DE LA UVA

EVOLUCIÓN DE LOS PRINCIPALES CONSTITUYENTES DE LA UVA DURANTE LA MADURACIÓN

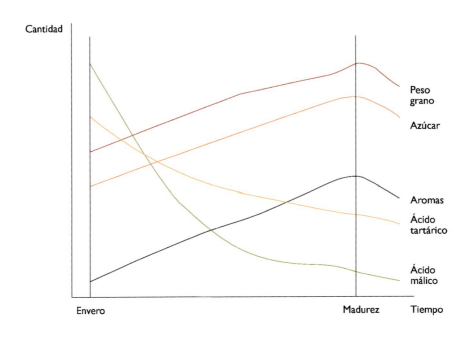

Durante la fase de maduración tienen lugar cambios decisivos en la evolución de la uva. El crecimiento del fruto se produce como consecuencia de la acumulación de agua y de azúcares (glucosa y fructosa), que proceden de la madera y las hojas.

Durante las horas diurnas el sol activa la fotosíntesis; las hojas se cargan y reconvierten los nutrientes recibidos en ese tiempo. Al llegar la noche, los nutrientes reconvertidos son conducidos a los racimos por los vasos de la planta. Los racimos situados a mayor altura son más ricos en azúcares que los situados más abajo, a cubierto del follaje. La insolación de las vides es la responsable de la mayor o menor acumulación de azúcares en la planta. Esto explica por qué en los países más cálidos se producen vinos con mayor graduación.

REPARTICIÓN DE AZÚCARES Y ÁCIDOS EN LA BAYA

AZÚCARES   ÁCIDO TARTÁRICO   ÁCIDO MÁLICO

La aportación de ácidos orgánicos (tartárico y málico) disminuye en la fase de maduración. La concentración de ácidos en el grano de uva es desigual; es superior en el centro, en proximidad de las semillas, y desciende en la pulpa según se acerca a la piel.

EL COLOR DE LA UVA

Desde el momento de su formación, el racimo tiene coloración verde y la conserva durante su desarrollo hasta el momento del envero, que señala el inicio de la maduración de los granos. Fisiológicamente, el envero es el proceso de pérdida de la clorofila en los frutos y, en consecuencia, éstos cambian de color.

La luz y la temperatura son determinantes en los cambios de coloración, hasta el punto de que se aprecian diferencias sustanciales entre los granos que han madurado a la sombra y los que lo han hecho expuestos al sol.

A cada variedad de cepa la caracteriza un color específico de sus uvas. Los pig-

Nivelación de terreno
Foto: Bodegas Torres

mentos se localizan en el hollejo; en los procesos de la fermentación alcohólica y la maceración (mosto en contacto con los hollejos), las materias colorantes, así como los componentes aromáticos, se trasladan de los hollejos y quedan integrados en el vino.

Los pigmentos son los responsables de la coloración violácea (azul rojizo) que caracteriza a las uvas tintas. Las antocianinas pueden observarse como acúmulos en las capas superficiales de los hollejos.

AROMA Y SABOR EN LA UVA

AROMA

En la última fase de la maduración, los granos de la uva intensifican su aroma particular. La acumulación de los aromas persistentes se localiza en la piel y en las partes profundas de la pulpa.

Las características de los aromas y su intensidad se extienden en un amplísimo espectro. Todos y cada uno de los vinos presentan en esta materia singularidades específicas. Estas diferencias de aroma reciben la denominación genérica de aroma o carácter varietal.

En terminología química, los aromas se componen de acetatos, ácidos, azúcares, alcoholes y terpenos. Buena parte de éstos se encuentran entre los denominados *volátiles*.

SABOR

El sabor de un vino depende de la presencia de los azúcares y los ácidos, y la regulación de su astringencia (el grado de amargor del caldo) por la de los taninos.

La calidad del sabor no depende de la cantidad de los componentes determinantes de éste, sino del equilibrio conseguido entre todos ellos.

Por lo general se vendimia en el momento de la máxima maduración; sin embargo, a veces es necesaria una sobremaduración para la obtención de determinados tipos de vinos.

LA VENDIMIA

Establecer el momento de recoger el fruto de las viñas es, sin duda, una de las decisiones más delicadas de la práctica vitícola. Un aspecto básico es el tipo de vino que se va a elaborar. Y, según cual sea, el punto de maduración de los racimos es una referencia, teniendo presente que para obtener vinos blancos frescos, la cosecha debe realizarse antes de la madurez fisiológica. En cambio, si el destino son vinos tintos coloreados, la recogida ha de efectuarse con posterioridad a la madurez. Si lo que se desea obtener son vinos licorosos, la vendimia debe llevarse a cabo en el transcurso de la sobremaduración. Se utiliza una vendimia relativamente ácida cuando lo que se pretende obtener son vinos base para la destilación de brandy o para la elaboración de espumosos.

Ha de tenerse presente que llegar a la maduración con un estado óptimo de salud del viñedo es una exigencia ineludible, si se quiere obtener un vino de calidad.

VENDIMIA MANUAL O VENDIMIA MECÁNICA

En principio todo depende del sistema de conducción de la viña. Si ésta se encuentra emparrada y el viñedo plantado pensando en la máquina, siempre se vendimia a máquina. Cuando los viñedos no están emparrados o su sistema de conducción es

en porte bajo o emparrados cortos debido a lo accidentado del terreno, o viñedos antiguos, éstos siempre son vendimiados a mano.

La mano del hombre bien conducida ya puede seleccionar en la cepa sólo los mejores racimos —a veces la ambición hace que se vendimien también los racimos interiores sin madurar, que si no se eliminan en la fermentación dan al vino un sabor verde y amargo—. Todos los racimos deberían ser tratados con esmero hasta la mesa de selección, si es que la bodega dispone de este sistema.

La máquina de vendimiar funciona por vibración, y cuando está bien ajustada consigue arrancar sólo los granos de uva maduros, vendimiar partes de una finca, en función de la maduración, vendimiar sólo a unas horas concretas y hacer un transporte rápido a la bodega.

Ambos sistemas tienen sus ventajas e inconvenientes, y es bastante difícil, casi imposible, definir en la cata si las uvas de un vino han sido vendimiadas a mano o a máquina. Lo ideal, claro está, es la mano del hombre, en cestos de poca cantidad y selección manual en mesa antes de la fermentación, pero así sólo se hacen los grandes vinos.

LA VINIFICACIÓN

VINO TINTO

La elaboración, crianza y conservación del vino es el objeto del conjunto de operaciones que componen la vinificación. Los vinos tintos se obtienen de la fermentación de los mostos junto con los hollejos y las pepitas o semillas; ésta es la particularidad principal que diferencia el proceso para la elaboración de los vinos blancos.

A grandes rasgos, puede decirse que el proceso de elaboración de los tintos se desarrolla en cuatro importantes etapas bien diferenciadas entre sí: 1) operaciones mecánicas: despalillado, estrujado y sulfitado; 2) encubado del mosto: fermentación alcohólica y maceración; 3) descube y prensado de orujos; y 4) fermentación maloláctica: el ácido málico se transforma en láctico y el vino pierde agresividad.

LA VINIFICACIÓN DEL VINO TINTO

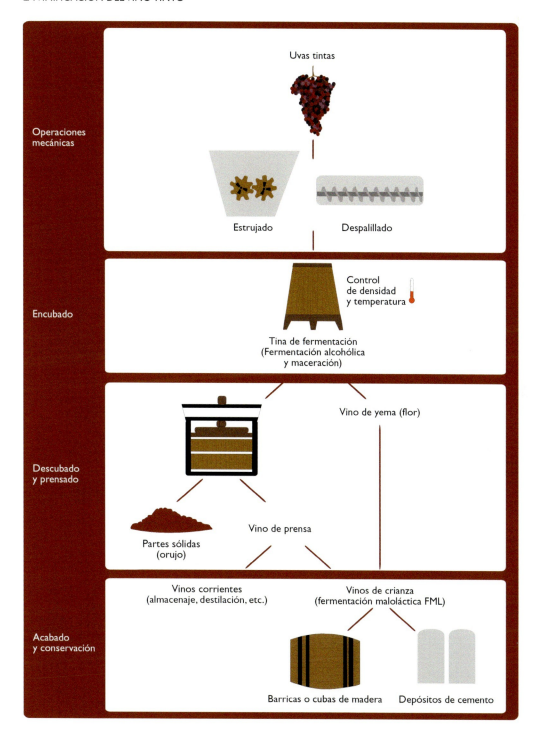

PRENSA PNEUMÁTICA

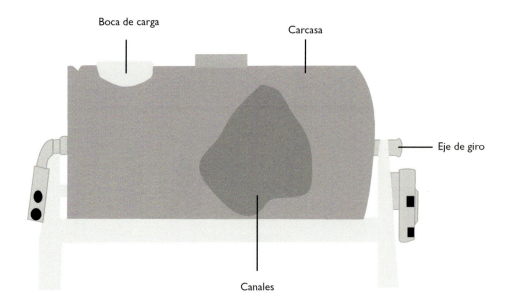

En las operaciones mecánicas, el despalillado consiste en la eliminación del raspón; esto evita la presencia de sabores herbáceos en el producto final. Mediante el estrujado se rompe la piel del grano de uva y se libera la pulpa, y el sulfitado es una operación preventiva, que consiste en la introducción de una pequeña dosis de anhídrido sulfuroso en el material vendimiado con el propósito de protegerlo de los ataques microbianos.

Una vez efectuadas estas operaciones, se procede al encubado del mosto, que consiste en trasladar la pasta de la vendimia a depósitos en los que se llevará a cabo la fermentación alcohólica y la maceración. La fermentación alcohólica puede ser definida como la transformación del mosto en vino. Este proceso desprende anhídrido carbónico (CO_2) y las partes sólidas se elevan a la superficie del mosto.

Batería de prensas horizontales

TIPOS DE CUBAS DE FERMENTACIÓN

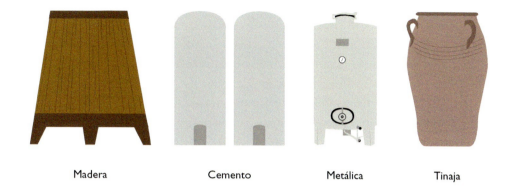

Madera   Cemento   Metálica   Tinaja

Cuando las materias colorantes, los taninos y los aromas pasan al estado líquido, se produce la fase de maceración. Otra modalidad para alcanzar la maceración es la denominada maceración carbónica. Se realiza vertiendo la vendimia tal cual viene de las cepas, es decir, entera sin despalillar, en un depósito hermético, evitando en la medida de lo posible que se rompan los granos de uva. A continuación se rellena el espacio libre del recipiente con gas carbónico —puede proceder de una cuba donde haya mosto en fermentación o ser industrial— y se deja macerar. Este procedimiento es recomendable en aquellas áreas vitivinícolas que producen vinos ácidos y duros.

Mosto en fermentación

El prensado en los vinos tintos se realiza después de la fermentación, teniendo en cuenta que en las fases anteriores una quinta parte de la vendimia se rompe al encubarla y desarrolla una fermentación alcohólica normal, otra quinta parte experimenta una fermentación intracelular y, el resto, combina ambas fermentaciones, la intracelular y la alcohólica, al romperse los granos de uva por el propio peso de la vendimia.

Para proceder al envejecimiento, el vino se trasiega a barricas de roble y, según los criterios de elaboración de la bodega, así permanece más o menos tiempo para que continúe su transformación y armonización.

En el caso de los vinos de diferentes variedades, antes del embotellado se procede al coupage para obtener el caldo definitivo.

Por último, y antes de empezar la maduración en botella, se estabilizan los componentes naturales del vino.

— Coupage: mezcla de diferentes mostos o vinos de un mismo año y zona.
— Ensamblaje: mezcla de mostos o vinos de diferentes años y/o zonas.

VARIACIÓN DE LOS COMPONENTES DEL MOSTO EN FUNCIÓN DE LA PRESIÓN DE EXTRACCIÓN

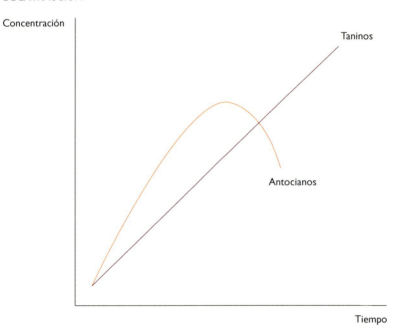

VINO BLANCO

Los vinos blancos se vinifican a partir de mostos que no contienen ni los hollejos ni las pepitas. En consecuencia, el prensado de los blancos, a diferencia de los tintos, se realiza antes de la fermentación. En este caso, tampoco se practica el despalillado puesto que, al prensar, los raspones ayudan a que el mosto se separe más fácilmente. En algunos vinos, como los champagnes, los racimos pasan directamente a la prensa, pero para algunos blancos se efectúa el estrujado.

LA VINIFICACIÓN DEL VINO BLANCO

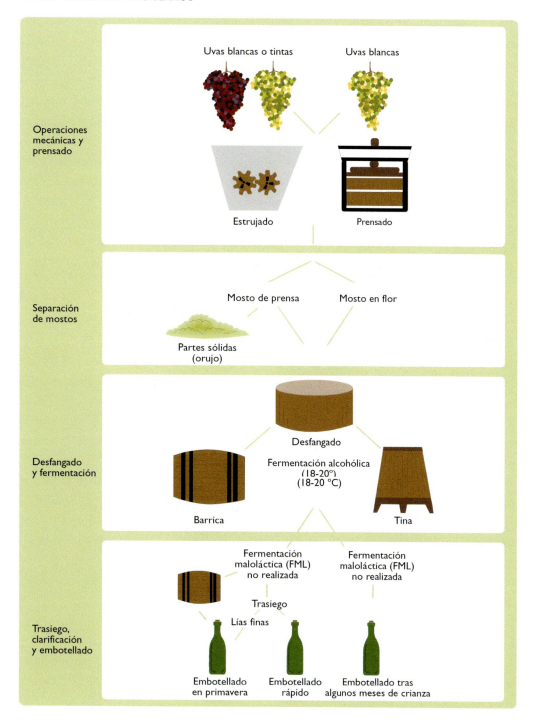

Dada la ausencia de maceración, ya que no están presentes las partes sólidas de la uva, en el proceso de producción de los vinos blancos es la selección del mosto la que adquiere gran importancia para establecer la calidad del futuro vino.

Tras el prensado se procede al desfangado (operación mediante la cual se separan los mostos de las partes más sólidas) y el encubado. Es usual la aplicación de sucesivas prensadas a la uva blanca y a los orujos tintos (los orujos son los residuos de la uva después de sacar de ella el vino); esto da lugar a la identificación posterior de los vinos de primera, segunda y tercera prensada. Hay que tener presente que, cuantas más prensadas se realicen, menor calidad tendrá el resultado.

El proceso de elaboración del vino blanco se puede resumir en los siguientes puntos: vendimia (recolección de la uva en el punto óptimo de madurez); transporte; estrujado (liberación del mosto del interior del grano de la uva); escurrido (separación del mosto de primera calidad o flor); prensado (separación del mosto restante o de prensa); desfangado (operación que se efectúa en un intervalo de 12 a 14 horas); fermentación alcohólica (el mosto se transforma en vino por acción de las levaduras en una o dos semanas, a una temperatura de 18 a 20 °C); trasiego (una vez acabada la fermentación, el líquido se cambia de depósito; esta operación se repite dos o tres veces antes del embotellado del vino); y, por último, estabilización de los componentes del vino limpio y en perfectas condiciones cuando es embotellado.

VINOS ROSADO Y CLARETE

Las técnicas de elaboración, tanto de los vinos rosados como de los claretes, son muy semejantes. Prácticamente todos los vinos rosados se elaboran a partir de uvas tintas o de una mezcla de tintas y blancas después de que sus mostos hayan fermentado sin los orujos, lo cual les confiere su color característico. Una vez liberado el mosto de los granos de la uva se macera en presencia de los hollejos y, al cabo de un intervalo de 24 a 48 horas, según la intensidad de color deseado, se procede al sangrado. En esta operación, que se practica durante la maceración, se extrae el mosto de la cuba, dejando en su interior sólo las materias sólidas; a continuación se lleva a cabo un ligero desfangado, para pasar luego a la fase de fermentación alcohólica.

Estos vinos se asemejan más a los blancos que a los tintos por su bajo contenido de extracto seco. Y su estructura también difiere de la de los tintos.

Existen vinos rosados elaborados a partir de uvas rosadas, aunque se trata de excepciones.

Por lo que se refiere a los claretes, puede decirse que su vinificación comparte labores características de la elaboración típica de los tintos (en sus primeras fases) y la de los blancos (a partir de la fermentación).

LA VINIFICACIÓN DEL VINO ROSADO

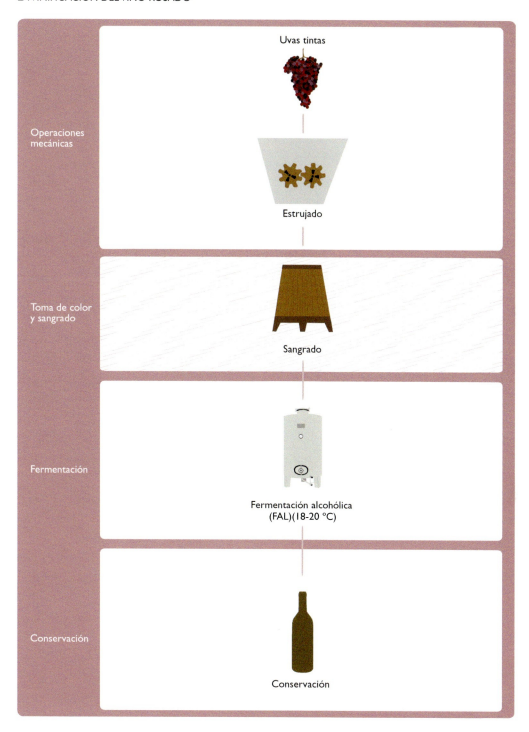

En la vinificación de los claretes, la vendimia es despalillada, estrujada y sulfitada. Luego se encuba y empieza la fermentación, lo cual sucede pocas horas después. En el transcurso de las 24 y las 48 horas siguientes se controla la progresión de la coloración hasta que el mosto alcanza la pigmentación deseada; de inmediato se procede al descubado. La evolución del proceso (la fermentación alcohólica y las fases posteriores de elaboración) continúa como si de la vinificación de un blanco se tratase.

COMPOSICIÓN DEL VINO

El vino es el resultado de la fermentación alcohólica de la uva fresca, o del mosto de la uva, cuando la glucosa y la fructosa que contienen son transformadas, por la acción de levaduras, en alcohol etanol y CO_2.

La composición básica del vino es muy compleja y también variable. Los análisis de laboratorio informan que esta bebida contiene gran parte de los elementos necesarios para la nutrición humana. Se han llegado a identificar cerca de cuatrocientos componentes diferentes en esta bebida y, si hay algo que se ha difundido desde tiempos inmemoriales, es su valor alimenticio.

Todos estos elementos se encuentran en el vino en cantidades variables. Tanto su presencia como su ausencia y su abundancia como su escasez, son dependientes de un gran número de factores. Se cuentan entre estas variables desde el sistema de elaboración hasta el tipo de suelo y terreno, las técnicas de cultivo, el grado de maduración o las circunstancias climáticas. El componente principal y básico del vino es el agua, que alcanza del 80 al 90 % de su volumen. Por lo que respecta al resto de sustancias, algunas ya se hallan presentes en el mosto; otras hacen su aparición durante los procesos de fermentación, y muchas se forman en las fases de conservación y crianza a partir de las innumerables reacciones químicas y biológicas que se producen. Incluso cuando se quita el tapón de la botella, se modifican de inmediato estas relaciones entre sensaciones persistentes y otras muy volátiles.

Los enólogos expertos pueden describir muchas sustancias que forman parte del vino a través de exámenes organolépticos (color, olor, etcétera) y gustativos (apreciaciones en la lengua y el paladar).

RELACIÓN DE COMPONENTES

Además del agua, algunos de los componentes principales del vino son los siguientes:
— *Sustancias azucaradas*. Otorgan al vino la pastosidad, el sabor dulce y la suavidad. Incluyen tanto los azúcares propiamente dichos como los alcoholes que derivan de la fermentación. Los primeros provienen de la uva, y de ellos queda siempre un residuo sin fermentar que es más o menos importante dependiendo de si se trata de un vino dulce o seco. Los alcoholes, por su parte, agregan matices al sabor dulce del vino.

COMPOSICIÓN DE UN VINO BLANCO

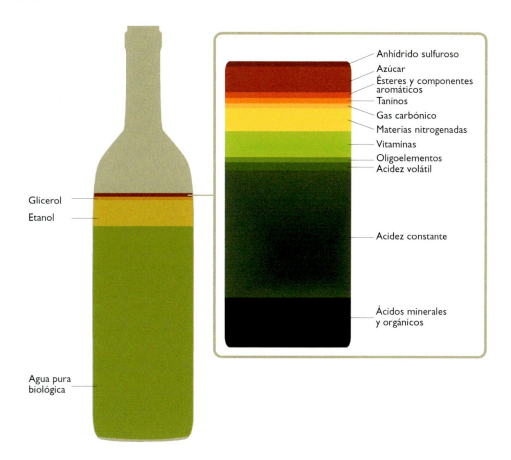

— *Los ácidos*. El acético se produce a través de las mismas vías de formación que el láctico y es creado por las bacterias acéticas. El láctico no existe en el racimo, aunque es un componente habitual en el vino; se origina en la fermentación alcohólica de los azúcares y se forma por la acción de bacterias durante la fermentación maloláctica. El málico está muy presente en el racimo verde y aporta a la uva inmadura su sabor ácido. El succínico se produce durante la fermentación de los azúcares; por tanto, tiene su origen en la fermentación alcohólica. Es un ácido muy importante en cuanto que aporta al gusto una apreciable mezcla de sabores amargos, ácidos y salados. Por último, el tartárico procede directamente del racimo de uva y su función es proteger al vino de la acción negativa de las bacterias. La cantidad de ácido tartárico en un vino representa entre una tercera o una cuarta parte del total del volumen de ácidos.

— *Gomas*. Estas sustancias pueden originarse de forma natural o, por el contrario, ser aportadas de modo artificial por medios industriales. Actúan como coloides (cuerpo que no cristaliza y que al desleírse en un líquido no conforma solución) y su función es similar a la de las pectinas (forma que existe en muchos frutos). Entre las gomas pueden distinguirse las sustancias amargas, las saladas y otras como, por ejemplo, las propias pectinas, las nitrogenadas, las sustancias volátiles, etcétera.

— *Sustancias amargas.* Son aportadas al vino por los denominados compuestos fenólicos, elaborados a partir de las materias tánicas. Las sustancias amargas pertenecen a cuatro grupos químicos: antocianos (colorantes rojos presentes fundamentalmente en los vinos jóvenes y que desaparecen del vino en el proceso de envejecimiento); los ácidos fenólicos, que se presentan en forma de ésteres (ácidos benzoico y cinámico); las flavonas (de color amarillo); y, por último, los taninos condensados (presentes en pepitas, hollejos y raspón). Todas estas sustancias proporcionan color al vino y también una parte muy importante de su sabor.

— *Sustancias saladas.* Provienen de las sales de los iones de sulfito, cloruro, fosfato... Son las responsables de la sensación salada y refrescante que reconoce el paladar en la cata.

Del resto de sustancias presentes en el vino hay que señalar que algunas son responsables de diferentes cualidades como la transparencia, el aroma y la estabilidad del caldo.

En resumen, todas las sustancias presentes en el vino, reconocidas por el laboratorio, aportan un punto de equilibrio o, incluso, desequilibrio, a la personalidad de cada tipo. Cada añada es una historia particular y, a pesar de la aportación humana, el vino continúa siendo un resultado de la naturaleza.

CRIANZA

El envejecimiento controlado de un vino en recipientes de madera contribuye a la atenuación de algún aspecto muy sobresaliente en el caldo recién nacido de la cuba de fermentación y, también, a la aparición de su carácter, al amparo de los taninos que le aportan las maderas nuevas. Todavía es un puzzle, y la crianza contribuye a que el vino alcance la perfección de lo bien conjuntado.

El proceso de crianza del vino tinto puede abarcar un período de uno a cinco años. La extensión de la crianza depende del tipo, estilo, tradición, etcétera. Para los vinos tintos, la barrica de roble que los aloja tiene una importancia capital en lo que respecta a la calidad del resultado final. La crianza se realiza en toneles pequeños de esta madera, y se espera su afinamiento y evolución a partir de las pequeñas cantidades de oxígeno estéril que el vino recibe a través de los poros del roble. Esta aportación de oxígeno va oxidando el líquido, que trasmuta su color morado intenso inicial al rojo rubí, e incluso a coloraciones más claras, suavizando su paladar y consiguiendo, en general, la armonización entre todas las características del vino.

El enólogo ha de supervisar y controlar que la fusión entre los matices que aporta el roble y los aromas propios del vino mantenga un perfecto equilibrio. En rela-

Bodega Oremus-V. S.

ción con las barricas de roble, cabe señalar que no deben tener más de dos o tres años de utilización para que realmente cumplan con su función de imprimir al vino esos matices tan valiosos. Transcurridos seis o siete años, las barricas usadas ya no aportan nada.

Al vaciar las barricas hay que estar atentos a la salida de las heces; cuando llega ese momento, se cierra rápidamente el grifo y la operación del trasiego se da por concluida.

En la crianza del vino blanco pueden aplicarse tres sistemas considerablemente diferentes. El más común consiste en hacerlo fermentar en un depósito de acero o cemento y trasegarlo, una vez clarificado, a las barricas. En ellas permanecerá seis meses o más (depende de la edad de las barricas), durante los cuales se impregnará de los componentes tánicos odoríficos característicos de este tipo de vino.

El segundo sistema se basa en el vertido del vino junto con sus lías en las barricas; en este caso se desarrolla en ellas la fermentación maloláctica. Por último, el tercer sistema hace transcurrir la fermentación alcohólica en el propio roble.

El sabor amaderado del vino era, en tiempos pasados, una característica fundamental y muy apreciada. Vino y madera son, pues, conceptos unidos desde siempre, y no sólo en los tintos, sino también en los blancos. A partir de la década de los sesenta, enólogos, comerciantes, consumidores y otros colectivos vinculados con el vino iniciaron la apertura hacia otros gustos, dando cabida y poniendo de moda los blancos jóvenes: vinos secos y florales. A pesar de la gran aceptación, estos vinos jóvenes, auvados y frescos, no han logrado desbancar a los grandes blancos, criados y mimados en madera, ni en calidad ni en precio. La coexistencia continúa.

ENVASES DE ROBLE Y BARRICAS

Según recogen las crónicas, fueron los pueblos celtas los primeros en experimentar el curvado de la madera mediante el calor del fuego. De esta manera pudo el hombre dar a las barricas y toneles su forma redondeada, característica que proporciona a estos recipientes su extraordinaria resistencia.

La fabricación de barriles se ha perfeccionado de generación en generación aunque, a pesar de la evolución, poco han cambiado los sistemas. Cada barrica o tonel que sale de la fábrica es una obra de arte, un equilibrio perfecto entre la armonía del objeto y la simplicidad de formas.

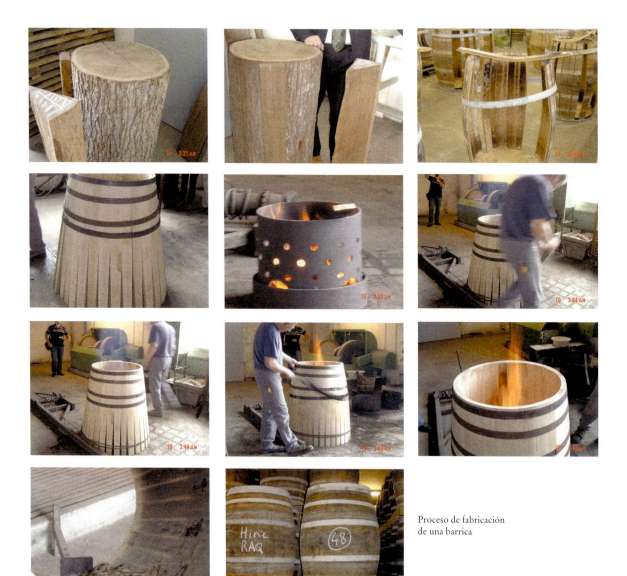

Proceso de fabricación de una barrica

Si bien todos los tipos son muy similares, cada zona vinícola acostumbra a envasar sus vinos en diferentes modelos. A continuación se describen algunos de los más importantes.

— *Barrica*. Este tipo se construye en tres capacidades diferentes: 225, 228 y 300 litros.

— *Bota, pipa y bocoy*. Recipientes bastante más grandes que la barrica, con capacidades que varían entre 400 y 800 litros.

— *Feuillete*. Existen dos subtipos: los utilizados en Borgoña, con capacidad para 114 litros, y los que se utilizan sobre todo en la región de Chablis, donde caben 132 litros.

— *Fudre*. De tamaño variable, muchos superan los 1 000 litros de capacidad.

— *Quartaut*. Utilizado principalmente en Borgoña y Burdeos; su carga es de 57 litros.

CARACTERÍSTICAS DE LAS BARRICAS

	Rioja	Château	300 litros	500 litros
Capacidad	225 l	225 l	300 l	500 l
Largo duelas	95 cm	95 cm	100 cm	115 cm
Espesor duelas	28/30	28/30	28/30	38/40
Diámetro barriga	70 cm	70 cm	77 cm	97 cm
Diámetro cabeza	56 cm	56 cm	64 cm	80 cm
N.º aros galvanizados	8	8	8	8
N.º aros madera	-	2	-	-
Peso	50 kg	50 kg	74 kg	94 kg
Travesera	-	Sí	-	-

Cada vez se construyen toneles más grandes que, a pesar de su mayor capacidad, se siguen denominando «barricas»; tal es el caso de las nuevas barricas con una capacidad de 300 litros e incluso de 350; no sería de extrañar que en poco tiempo las barricas de 400 litros (bocoy) compitan con las clásicas de 225 litros. El motivo es bien simple y, en cierto sentido, contundente: el vino se enriquece de los componentes de la madera en función del volumen y la superficie de contacto, es decir, el vino podrá permanecer más tiempo en esos recipientes sin que se presente el problema de que se «cargue» de un exceso de madera. También ofrece beneficios el hecho de poder almacenar más volumen casi en el mismo espacio y, además, poseen un mayor tiempo de utilización.

EL ROBLE Y EL VINO

Roble es el nombre común con el que se denomina a las más de 250 especies del género *Quercus* que existen. Este género se divide a su vez en dos subgéneros: *Ciclobalanopsis* y *Euquercus,* en este último se reconocen hasta seis secciones diferentes.

Por lo que respecta al vino, debe prestarse especial atención a los *Quercus pedunculata* y *Quercus sessiliflora* (robles franceses) y al *Quercus alba* (roble americano).

En general, todas las especies del género *Quercus* son árboles de hojas lobuladas y madera dura, compacta y de color pardo amarillento; sin embargo, por lo que se refiere a su comportamiento ante el vino, existen diferencias muy importantes. A continuación se detallan algunas de las más notables entre los robles franceses y los americanos.

— *Roble americano*. Los árboles de esta especie contienen una sustancia llamada metalictolactona cuyo olor recuerda al del coco. La metalictolactona, también llamada whisky lactona (ya que fue en este aguardiente donde se la localizó y aisló por primera vez en 1971), influye directamente en los vinos de crianza. Se ha establecido que los vinos que conservan menor cantidad de taninos es porque han sido criados y conservados en recipientes de roble americano.

Otro aroma que procede de la familia de las lactonas es el que hace recordar la piel desecada de la naranja, reconocido en vinos con mucha crianza en este tipo de madera, como los Riojas clásicos.

— *Roble francés*. La madera de este árbol aporta al vino menos cantidades de aldehídos aromáticos (aromas de vainilla). El roble francés tiene al menos dos especies reconocidas, en lugares bien diferenciados y cada una con personalidad propia.

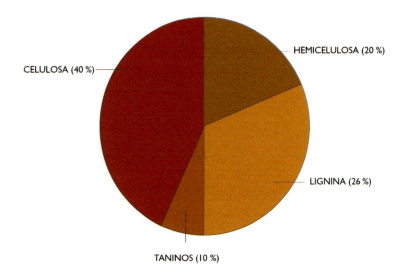

COMPOSICIÓN DEL ROBLE (% APROXIMADOS)

En la zona de Tronçais se localiza la especie *Quercus sessiliflora*, cuyos árboles, de madera poco porosa y de grano fino, crecen muy altos y delgados en suelos sobre todo silíceos. La otra especie, *Quercus pedunculata*, crece en los bosques de Lemosín; son árboles de tallo grueso y no se elevan demasiado. La madera de estos árboles es más porosa y de grano más amplio, lo cual facilita las acciones de la evaporación y la oxidación.

Clasificación del nivel de microoxidación, según las distintas especies de robles en función del diámetro del poro.

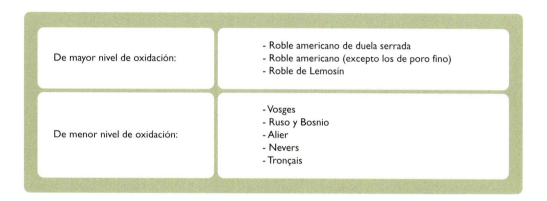

De mayor nivel de oxidación:	- Roble americano de duela serrada - Roble americano (excepto los de poro fino) - Roble de Lemosín
De menor nivel de oxidación:	- Vosges - Ruso y Bosnio - Alier - Nevers - Tronçais

Importancia del tostado del roble

El recipiente en el cual se guardará un vino, antes de llegar a la botella, ha de proporcionar ante todo seguridad. Si, además, lo que interesa es que algunas de las cualidades del recipiente sean trasladadas al vino, hay que asegurarse de que así será, para no encontrarse luego con sorpresas indeseables. La fabricación de toneles y barricas de madera, de algún modo aprende de sí misma: sabe lo que es un roble y qué ha de hacer para que esta relación de continente y contenido alcance su eficacia. El enólogo, cual juez de paz, controla y decide cuándo debe interrumpirse.

Como ya se ha comentado en el apartado sobre las distintas especies, la madera de roble es dura, compacta y de color pardo amarillento. Esta particularidad cromática es aportada al vino por el roble quemado. Los componentes amarillos de la madera suavizan el color rojo del vino a la vez que confieren al caldo el sabor peculiar de la arpillera (tela de estopa muy basta).

Otra de las bondades del tostado del roble es que ejerce de antiséptico, y el vino que se impregna en sus duelas (tablas que forman las paredes curvas de la barrica o tonel) no se avinagra. Como se ha dicho antes, la barrica actúa de una u otra manera según las veces que se haya utilizado. Por otro lado, el grado de tostado también influye. En principio, cuanto más profundo sea el quemado de las duelas, más elevado será el contenido en furfural HMF y aldehídos aromáticos, que son en definitiva los que aportan los sabores y aromas característicos de la maduración en

De izquierda a derecha y de arriba abajo: clavo, piel de naranja seca, café tostado, especias (pimientas), vainilla, pan tostado, coco, tabaco, cedro y almendra tostada

roble. Esta reacción, en principio positiva, puede trocarse en perniciosa si no se vigilan la calidad y el control del tostado.

En una descripción somera se distinguen tres intensidades o grados de tostado:

— *Tostado ligero:* realizado en la cara interna de la duelas, tiene efecto en unos 3 a 5 mm de profundidad.

— *Tostado medio:* alcanza aproximadamente 5 mm de profundidad y produce un oscurecimiento del roble bastante más intenso que el ligero.

— *Tostado fuerte:* carboniza los primeros milímetros de madera de la cara interna de las duelas y oscurece más profundamente su grosor.

Este aspecto del tratamiento del vino también se ha sofisticado, y algunos toneleros, ante la ausencia de un marco que regularice los índices o niveles de tostado, presentan los denominados «tostados medio-plus» o «superplus»; y también ha alcanzado a la construcción de una barrica: una bodega puede elegir entre los diferentes

INTENSIDAD DEL TOSTADO	INFLUENCIA EN EL VINO
Ligero	Aromas a carpintería, plancha, duro y amargo
Medio	Vinos fragantes, ricos, complejos, redondos, ausencia de taninos
Intenso	Gustos ahumados intensos, vainilla, clavo, coco, humo, almendra

tipos de roble y hendido en su fabricación. Pero el máximo grado de sofisticación ha llegado al crearse el denominado «Blend», o sea, una barrica construida con la combinación de varias duelas de roble de Allier, varias de Lemosín, otras de Vosges y las tapas de roble americano.

Por tanto, los aromas finales de un vino con crianza dependerán de todas estas particularidades.

Incidencia del roble en la cata

La presencia del sabor a roble nuevo es uno de los elementos que denota calidad en un vino, siempre que se perciba la compañía del resto de componentes y características para esta calificación, pero en principio es un buen síntoma. Una máxima puede ser que, en lugar de que predomine o enmascare otras cualidades, la función del roble sea de acompañamiento a la vez que realce los aromas propios de cada vino concreto. Su misión, podría decirse, es la de servir de soporte y acunar, con discreción y elegancia, el carácter varietal del vino. En una cata es fácil que se perciba de inmediato ese aroma a roble nuevo y el análisis deviene hacia la búsqueda de la relación con el justo equilibrio que debe mantener con las manifestaciones del resto de características. Es también probable que se valore como inferior al vino que tenga poco definidos los matices aromáticos del roble, por haber sido almacenado en barricas muy utilizadas u, obviamente, en recipientes de cemento o acero inoxidable.

INFLUENCIA DEL GRADO DE QUEMADO DE LAS DUELAS SOBRE ALGUNOS COMPUESTOS CEDIDOS POR EL ROBLE (g/100g DE MADERA SECA)

Sustancia	Aroma	Sin quemar	Quemado ligero	Quemado medio	Quemado fuerte
Vainilla	Vainilla	0,7	2,5	5	6
Siringaldehído		1,5	3,6	13	16
Coniferaldehído		0	20	38	29
Sinapaldehído		0	22	63	112
Furfural	Almendra	0	22	63	112
Hidroximetilfurfural	Caramelo	0	8	24	45

En una cata intervienen las valoraciones particulares de múltiples y variados elementos, y cada uno tiene su lugar en la valoración global. El espectro aromático de los vinos es infinito, así que reducirlo al «sabor amaderado» o «sabor a madera» es una simplificación poco precisa y, además, puede llegar a ser muy perjudicial para el vino. La calidad, salvo que esté desdibujada, se centra en la variedad de sus cepas, la cuidada elaboración y su paciente crianza y envejecimiento en busca del justo y perfecto equilibrio entre la barrica de roble y su estancia final en la botella.

Las pautas mas normalizadas, en relación con ese ansiado equilibrio, expresadas de una forma simplificada resumen que: los vinos tintos jóvenes se muestran con un rojo púrpura y matices violeta; los tintos ya criados ofrecen un tono de rojo ladrillo; y por último, los vinos amarronados o teja presentan los síntomas de haber alcanzado la vejez.

— *La edad y el uso de las barricas:* se considera que un vino ha de criarse en una primera fase en barrica nueva y, en una segunda, en barrica usada de tercer o cuarto año. El motivo es fácil: primero arrancar aromas a la madera y, después, equilibrar estos aromas. El uso de barricas que pasan aproximadamente los ocho años de uso es una temeridad, ya que su aportación al vino es casi nula y, además, existe peligro de contaminación.

— *Las barricas «usadas»:* se trata de una barrica en su cuarto o quinto año de uso. A partir de entonces, se habla de barricas viejas. Pero, como siempre y más en este mundo, hay buenos vinos que pasan un buen tiempo en barricas muy usadas o viejas.

— *Los vinos y las barricas:* existen algunos grandes vinos cuya crianza siempre tiene lugar en barrica nueva, incluso en doble barrica nueva. Son realmente excepciones pues, la verdad, el vino ha de ser mucho vino para este tipo de crianza.

OTRAS MADERAS

El castaño, aunque antaño era muy utilizado, en la actualidad tiene un uso casi testimonial. Sin embargo, aún existen grandes vinos que se crían en esta madera muy porosa y con muchos nudos, tales como los Muscadets de Nantes en el Loire francés y uno de los grandes vinos de Francia, como es el producido en la localidad de Saveniers (Loire), cuyos vinos se siguen criando indistintamente en barriles de castaño y roble de 440 litros e inclusive en madera de acacia. También algunos vinos blancos del Penedés han recuperado la crianza en castaño, siendo vinos de unos aromas muy peculiares. Recuérdese que, debido a su alto nivel de porosidad, el castaño es ideal para criar vinagres de calidad.

LOS ESTILOS DE VINO EN CATA

Mucho ha cambiado este tema, y la variedad en el estilo de vino que guiaba a uno hasta una zona, denominación o país hoy es cada vez más raro de encontrar.

Los vinos del nuevo mundo, sobre todo Australia, son un éxito de ventas en países del centro de Europa, las islas Británicas o Canadá. Los precios son muy competitivos y los estilos se han ido unificando. Pero ¿qué tienen estos vinos?

Los australianos han sabido hacer un tipo de vino muy comercial con las siguientes características:

— Calidez en aromas
— Vinos con sol y concentrado en aromas
— Variedades de moda
— Precios muy competitivos
— Bajos en pH, luego de una acidez muy moderada
— Crianza o sabor a madera a base de virutas de roble (roblina), marcando los tostados, todo muy equilibrado, pero vino con poca longevidad

Como dicen algunos prestigiosos catadores «son vinos ideales para catar, pero no para beber», ya que resultan demasiado pesados, con falta de chispa.

Sin embargo, el éxito de estos vinos y la difusión que ha hecho de ellos Robert Parker (gurú de Estados Unidos) han provocado que una gran parte de la producción vinícola se haya estandarizado o globalizado, hecho que se conoce como «la parkerización de los vinos».

Realmente resulta un tanto difícil diferenciar un vino de Cabernet Sauvignon, Merlot o Syrah elaborado en California, Chile, Argentina, Grecia, La Mancha o Toledo, por citar algunas de las zonas. Todos son vinos con las siguientes características:

— Intensos colores y capa alta
— Aromas cálidos y concentrados con fondos de confituras
— Notas de maderas nuevas y muy tostadas que tapan la realidad del vino
— Equilibrio y poca acidez en boca

Esta tipología o estilo globalizado no tiene nada que ver con las características que tiene un vino clásico mediterráneo y un vino de corte o estilo más moderno, dentro de una misma denominación e incluso bodega. Ambos estilos han de convivir en pro de la variedad, teniendo como base la calidad.

Incluso en la Rioja ambos estilos conviven en una misma bodega.

Los dos tipos son de calidad, pero muy diferentes en cuanto a sus características.

VINO CLÁSICO MEDITERRÁNEO	VINO DE CORTE MODERNO
- Poca capa y colores generalmente tipo rojo claro - Ligero en copa - Aromas más marcados por la madera (usada) y un fondo de confitura - Menos acidez y menos tanicidad, o sea, suaves y equilibrados en boca - De medio cuerpo - De menor grado alcohólico - Generalmente acogido a la ley de tiempos mínimos de estancia en bodega - Sale de bodega en condiciones ideales para tomar	- Color intenso y capa alta - Con más extracto - Con cuerpo y esqueleto - Busca más la fruta y el terruño, acompañado de madera, generalmente nueva - De mayor acidez y tanicidad en boca - De mayor grado alcohólico - No acogido, en general, a la ley de tiempos mínimos - Sale de bodega para catar y/o guardar

Otro estilo muy actual es el denominado «tinto roble o cortas crianzas». Se trata de un vino joven, el cual pasa de 2 a 6 u 8 meses en barrica. La unión de fruta y frescura se une a las notas y cremosidad de la madera para conseguir un vino comercial y fácil de beber.

Lo que ocurre es que, en muchos vinos, el supuesto tiempo en barrica es cambiado por la adición de «virutas de roble o roblina» al vino, que da los sabores a madera, generalmente en depósitos donde se le inyectan microdosis de oxígeno para imitar la estancia en madera; pero en boca esto se percibe de forma diferente y dichos vinos suelen ser «vinos secantes», como si de un papel de lija pasando por la lengua se tratara. En efecto, la sensación de madera se presenta como astillosa y secante, típica de los vinos criados con virutas.

EL VIDRIO EN LA CRIANZA

El vidrio ofrece al vino un tranquilo reposo que le facilita su maduración en las cavas. Alguien dijo que «un gran vino se cría en la madera y envejece en la botella». Además, una vez acabada la elaboración de los caldos, la botella aún puede cumplir otra función: proporcionar un aire de distinción externo al vino, dando razón a las antiguas premisas que concedían al vidrio el valor noble y estético de imitar el brillo y la belleza de las piedras preciosas.

Desde el punto de vista estrictamente técnico, puede afirmarse que la botella de vidrio aísla totalmente el líquido del oxígeno, permitiendo culminar la crianza y desarrollando los variados matices que, con el paso del tiempo, harán definitiva la calidad del vino.

El tamaño de las botellas de vidrio también tiene su importancia, aunque no de manera decisiva, para vestir el producto final.

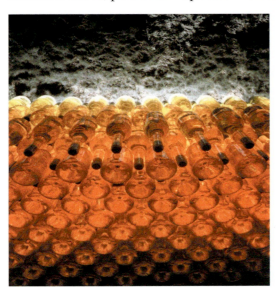

Botellas de Tokay Oremus en reposo

El envase que goza de más adeptos y de hecho el más extendido por todo el mundo (incluso en Norteamérica desde 1980, año en el que se regularizó el sistema métrico para vino embotellado) es la botella estándar de 75 cl.

La denominada *magnum*, con el doble de capacidad que la estándar, o sea 1,5 l, tiene gran demanda en países como Italia y se vende a precios muy competitivos. El conjunto de vidrio, corcho y cápsula tiene un coste económico similar al de la botella de 75 cl.

	Bordelesa	Borgoñesa	Rhin	Cava
Altura, mm	279	287	350	300
Diámetro, mm	76,5	80,5	76	88,4
Contenido, ml	750	750	750	750

La botella mediana (37,5 cl) está perdiendo adeptos y mercado a pasos agigantados, ya que no consigue garantizar al máximo la calidad del vino que envasa. Son muchos los que sostienen que no se embotellan en este tamaño los buenos vinos y, de hecho, la afirmación tiene una razón de peso: cuanto menor es la cantidad de vino, más rápido madura y, en consecuencia, la vida del vino así envasado no es tan larga. La única ventaja de esta medida es sólo práctica, y se refiere al consumo individual o a su expedición en transportes públicos equipados con bar o restaurante. Existe

PARTES DE UNA BOTELLA
- Cápsula
- Merma
- Cuello
- Hombros
- Hombros
- Cúpula

incluso el botellín, más pequeño que la mediana, que es utilizado en servicios de restauración como el de los transportes aéreos.

Además de los tamaños, las botellas se diseñan en diferentes formas, aunque estas variaciones no son muy espectaculares, puesto que están predeterminadas por las distintas partes que cumplen funciones en el envase.

En una botella pueden distinguirse cinco partes: La *cápsula*: cubierta superior de la botella que mantiene el corcho limpio, que puede estar compuesta en hojalata, aluminio o plástico (hasta hace relativamente poco tiempo se componían también en plomo, pero una reglamentación comunitaria prohibió la utilización de este material en envases destinados a la alimentación); el *cuello*: área superior siempre cilíndrica y lisa donde se aloja el tapón y el vino puede continuar envejeciendo; la *cúpula*: elevación en el fondo de la botella en forma de cono (esta forma que se eleva en el interior del envase no es un capricho estético, sino que añade fuerza al vino y ayuda a recoger los depósitos de sedimento; las botellas que albergan vinos destinados al envejecimiento y también las de los espumosos cumplen con esta conformación de su base); los *hombros*: parte destinada a facilitar el almacenamiento y la clasificación, así como a reunir el poso en la decantación y el servicio); y, por último, la *merma*: espacio del cuello de la botella en que no se completa el llenado; el nivel del vino debe alcanzar la mitad de la extensión del cuello. En el caso de los vinos largamente añejados, una merma excesiva puede ser el origen de filtraciones y provocar oxidación.

IMPORTANCIA DEL CORCHO

El hombre conoce y utiliza el corcho desde tiempos remotos, pero no fue hasta el siglo XVIII cuando se vio la necesidad de perfeccionarlo e industrializarlo. El sistema de taponar los envases cerámicos o de vidrio con corcho fue extendiéndose tras las aportaciones a la tecnología vitivinícola del monje Dom Pérignon.

La primera manufactura corchera española se instaló en Agullana, antiquísimo poblado de la provincia de Girona, en 1750. En la actualidad, España es el segundo país productor y transformador de corcho en el mundo después de Portugal.

El corcho es un material natural, elástico e impermeable, que cumple una función protectora al acumularse en la corteza de los árboles leñosos, después del primer año de crecimiento. La principal especie productora es *Quercus suber*, conocida con el nombre común de alcornoque. Este árbol, originario de las regiones costeras del Mediterráneo occidental, tiene actualmente su hábitat en zonas de Portugal, España, Francia, Grecia, Marruecos e Italia. También ha poblado territorios de Norteamérica, sobre todo en California.

No existe en el mundo ningún material que pueda reemplazar al corcho en su función de tapar el vino embotellado. La particular estructura celular del corcho le proporciona las características de impermeabilidad y flexibilidad, amén de otras, para adaptarse al cuello de la botella y, a su tiempo, ser extraído sin problemas, habiendo cumplido las funciones de tapar el vino y protegerlo del ambiente externo a la botella. Como material, no le afectan ni lo modifican los cambios de temperatura ni la humedad. Y en contacto directo con el vino no altera en ningún sentido el sabor ni la calidad de éste.

La característica principal que diferencia el corcho de otros materiales es su estructura celular; ésta se conforma por células microscópicas hexagonales y cuadradas. Esta configuración del material consigue el máximo de volumen posible en la menor superficie. Además, dado que sus células y sus sustancias resinosas son impermeables tanto al agua como al aceite, se muestra impenetrable en presencia de líquidos y humedad. La gran capacidad elástica para la compresión y la expansión es otra de sus cualidades, muy apreciada en la industria taponera.

Así como las barricas o las botellas, no todos los corchos son iguales ni se comportan de la misma manera. Los corchos se seleccionan según el grado de pureza y la perfección conseguida tras su manufactura.

Con el nombre de venaje (de venas) se conoce la anchura más o menos pronunciada de las estrías del corcho, que informan de la juventud o vejez que éste tiene. Los alcornoques se «descorchan» a intervalos de doce años y las capas de crecimiento de la corteza son las que proporcionan la información sobre la edad del corcho. La calidad del corcho no se determina por su aspecto externo, sino por el venaje.

Tapón «Mytik»

1 tapón de silicona
2 y 6 tapones de corcho de diferentes medidas
3 tapón de aglomerado de corcho
4 tapón de cava de un cava viejo en el mercado
5 tapón de cava perfecto

Los tapones de uso más corriente en la actividad vinícola son los de 44 o 45 mm y, para taponar los vinos Gran Reserva y Reserva, se emplean los de 49, 50 y 55 mm, respectivamente. Se ha establecido la relación directa que existe entre el número de líneas de la parte interna del tapón y los milímetros de corcho, lo que facilita las elecciones adecuadas para cada necesidad. Para los vinos más jóvenes se utilizan tapones con un venaje ligero, amplio y elástico; en cambio, para los vinos de crianza más larga o envejecimiento se eligen corchos con un venaje tupido y ligeramente duro.

El incremento de la demanda internacional de corchos para tapar vino, ha crecido de forma espectacular. Por su parte, la producción no se ha incrementado y, en el intento de satisfacer esta demanda, las empresas productoras de corcho han relajado los controles de calidad en origen de la materia prima, lo que ha provocado la

RELACIÓN ENTRE CANTIDAD DE LÍNEAS Y MILÍMETROS DE CORCHO

de 15 líneas	24 mm
de 17 líneas	38 mm
de 20 líneas	45 mm
de 22 líneas	50 mm
de 24 líneas	54 mm

reiterada contaminación de corchos por el TCA (molécula que transmite el sabor del corcho al vino).

Ante esta situación, ya es práctica común encontrar en vinos jóvenes, incluso en los denominados tintos roble y también en algunas crianzas, tapones compuestos de aglomerado de corcho, que se fabrican pegando varias partes del corcho, tales como los conocidos *2×2, 2×4*, etcécera. Más cercanos en el tiempo son los tapones de silicona, que sólo garantizan su estabilidad durante unos tres años.

Pero ante vinos de consumo rápido no hay que extrañarse. En algunos países las botellas se tapan incluso con el tapón corona que para vinos blancos jóvenes está dando buenos resultados.

El famoso tapón «Mytik» ha supuesto una revolución, ya que no transmite el temido sabor a TCA, gracias a la eliminación de las partes leñosas del corcho. De hecho es un tapón fabricado a partir de polvo de corcho, ideal para vinos jóvenes y medias crianzas, así como vinos de vidas cortas y medias.

TIPOS DE VINO

A partir de todos los elementos y procesos referidos, y comprobada su compleja composición, puede hacerse referencia a los tipos que, en su conjunto, configuran un amplísimo abanico de variedades de mostos y vinos.

A continuación se identifican, a grandes rasgos, cada uno de los tipos más importantes.

— *Vino*. Su graduación o contenido en alcohol no es inferior a 9º, excepto para ciertos vinos especiales.

— *Vino de mesa*. Esta denominación agrupa todos los vinos aptos para el consumo procedentes de variedades de uva autorizadas y cuyo proceso de elaboración está estrictamente regulado.

— *Vino blanco*. La principal característica de este tipo reside en que su fermentación se desarrolla sin hollejos ni pepitas. El tipo blanco tiene su origen en el mosto obtenido a partir de uvas blancas o tintas con pulpa no coloreada; si este mosto tiene un alto contenido en azúcares (superior a 272 g/l), el vino obtenido tras una fermentación incompleta es dulce y natural (graduación alcohólica mínima de 8º). En cambio, si no contiene suficiente azúcar como para ser detectado en el paladar, se trata de un blanco seco; si el vino contiene cierta cantidad de azúcar residual y no ha fermentado en su totalidad, se está ante un vino abocado.

— *Vino tinto*. Se produce a partir de las uvas tintas cuyo color, contenido en los hollejos, pasa al mosto durante la maceración. Un tinto se considera fuerte cuando su graduación alcohólica es alta y su extracto seco elevado; si es agradable al paladar, aterciopelado y sedoso, el vino es suave. Por último, si se elabora un tinto débil

y agradable, con poco alcohol y poco extracto, se obtiene lo que habitualmente se denomina vino ligero.

— *Vino rosado*. Como ya se ha explicado al tratar de la vinificación de los rosados, este vino procede de uvas tintas, o de la mezcla con blancas (sólo excepcionalmente de variedades rosadas), cuyos mostos han fermentado sin los orujos para alcanzar así el color típico.

Cuando los mostos se componen de una mezcla de uvas tintas y blancas y su vinificación comparte, en sus primeras fases, las características de la elaboración del tinto y las del blanco a partir de la fermentación, se está ante un vino *clarete*.

— *Vino de aguja*. Este tipo de vino, debido a la variedad que lo origina o, en algún caso, como consecuencia de una elaboración especial, conserva gran parte del gas carbónico procedente de la fermentación de los azúcares. El vino de aguja se envasa a una presión máxima de tres atmósferas, medidas a 20 °C, por lo que las burbujas de gas que desprende no llegan a producir espuma.

— *Vino amistelado*. En este caso, la graduación alcohólica es superior a los 13° y el contenido en materias reductoras supera los 100 g. Este tipo se elabora a partir de vino, mosto concentrado y alcohol vínico (autorizado y regulado).

— *Vino aromatizado*. Este tipo incluye los vermuts y los aperitivos vínicos. Se compone a partir de un vino base al que se le añaden diversas sustancias vegetales autorizadas. La graduación alcanza los 14°. Para conseguir el grado óptimo de alcohol, la corrección se logra con el añadido de mostos, mistelas y alcoholes vínicos.

— *Vino chaptalizado*. Tipo de vino al que se ha reforzado con azúcares el mosto a partir del cual se elabora.

— *Vino enverado*. La graduación alcohólica de este tipo oscila entre los 7º y los 9º. La característica que lo identifica la proporciona la variedad de la uva que, debido a las condiciones climáticas en zonas concretas, no madura normalmente. En algunas regiones muy frías se practica lo que se llama una forma correctora, que consiste en añadir carbonato de calcio al vino para rebajar su acidez.

— *Vino especial*. En este caso la composición, como su propio nombre indica, es muy especial, y sus características organolépticas pueden proceder tanto de la uva como de las técnicas de elaboración y de ciertas operaciones específicas (algunas refrendadas por la tradición), como las que se practican en el caso del vino generoso (seco y de alta graduación).

— *Vino espumoso*. Contiene gas carbónico de origen endógeno, debido a su especial elaboración. La característica más sobresaliente es la espuma blanca y consistente, que se forma al quitar el tapón de la botella. Su origen está vinculado a una variedad de uva especial y reglamentada.

— *Vino gasificado*. Tipo que se elabora añadiendo industrialmente gran parte e incluso la totalidad del gas carbónico que contiene.

— *Vino generoso*. Vino más fuerte, más añejo y de mayor graduación (entre 14º y 23º) que el vino común. Se elabora siguiendo normas tradicionales o particulares y a partir de variedades muy selectas de uvas.

— *Vino generoso licoroso*. Al igual que el generoso, se produce siguiendo prácticas tradicionales específicas y a partir de variedades de uva estrictamente adecuadas al vino. En este caso, la diferencia con el generoso radica en el agregado de vinos dulces naturales, mostos o mistelas, o bien de alcohol vínico para aumentar la graduación alcohólica, que oscila entre los 13,5º y los 23º. La alta graduación procede, sobre todo, de la fermentación del mosto inicial.

— *Vino licoroso*. Se diferencia del vino generoso licoroso en los volúmenes de las materias reductoras, que tienen que ser superiores a 50 g/l.

— *Vino pétillant*. Este calificativo francés define un tipo de vino chispeante, que produce una ligera espuma.

— *Vino de Süssreserve*. Tipo de vino suave, en cuyo proceso de elaboración se destaca un ligero endulzado que se realiza antes del embotellado.

LEGISLACIONES PRINCIPALES

EL ETIQUETADO DE LOS VINOS

Cuando el vino ha pasado por todas las etapas de su elaboración en la bodega, incluso en los casos de la crianza en botella, y se dispone su salida para la comercialización, se le incorpora la correspondiente etiqueta.

La legislación hace obligatorias, tanto en los países de la Unión Europea como del resto del mundo, un conjunto de menciones que las etiquetas deben contener: son las denominadas oficiales, complementarias o comerciales.

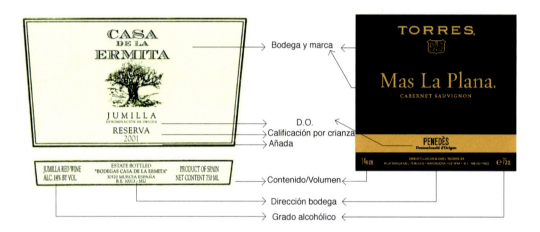

Es corriente que un vino elaborado en una zona que tiene atribuida una DO (Denominación de origen) consigne en la etiqueta tal circunstancia. Esto no siempre es así, como ocurre en países como Estados Unidos y también en la Unión Europea, por ejemplo en Francia, con alguna de las denominaciones de Borgoña; en lugar de remitir en la etiqueta al terruño o a la denominación general, se opta por consignar el nombre de una denominación comarcal o municipal. En España, un vino originado en una zona amparada por una denominación expondrá ésta en su etiqueta.

No es éste el caso de los vinos identificados con la definición «Vinos de la Tierra». Se trata de una denominación que los vincula al área administrativa donde se originan: comunidad autónoma, en España; land, en Alemania; región, en Francia, etcétera.

Por otra parte, en la actualidad comienza a extenderse una modalidad de identificación en cono o pirámide invertidos, es decir, de lo más grande a lo más pequeño. En

Francia, las AOC (Appellation d'Origine Contrôlée) se rigen por un sistema que se inicia con las menciones genéricas y concluye con las referidas a un *cru* o pago. En España empieza a extenderse esta configuración en las etiquetas de los vinos originarios de «Pagos con Denominación», en zonas de Castilla-La Mancha. Véanse algunos ejemplos más abajo.

Otra variante incluye vinos de calidad, elaborados en una denominación histórica y que salen al mercado etiquetados con la simple mención Vino de la Tierra, para no verse sometidos al corsé de crianzas o coupages de uvas de aquellas denominaciones. Esta fórmula es cada año más usual tanto en España como en Italia y, en menor medida, en Francia y Alemania.

En resumen, la denominación del producto es obligatoria en todo tipo de etiquetas, que han de informar de forma precisa sobre el origen y la procedencia del vino. Aunque su calidad debe ser analizada con independencia de su origen, como punto de partida hay que detenerse en las menciones compuestas en distintos países: Vino de Mesa (VM), Vino de Mesa con Indicación de Origen (VMIO); Vino de

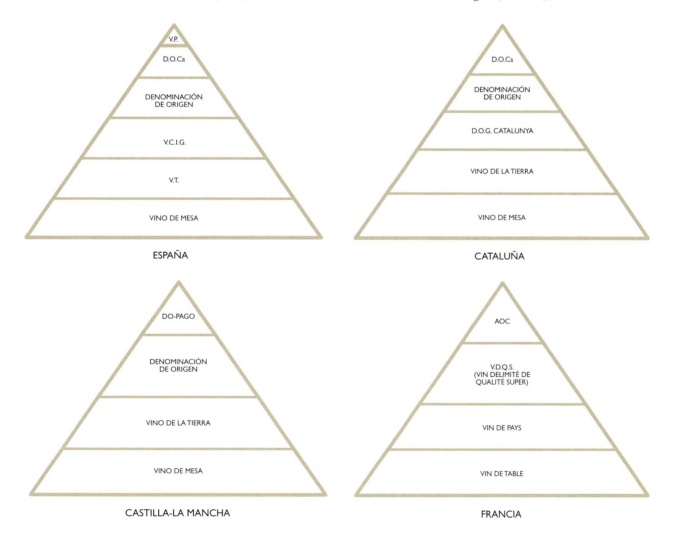

DIVISIÓN DE UNA AOC, EJ.: BURDEOS

JERARQUÍA DE LOS CRUS (BURDEOS-MÉDOC)
(SÓLO TINTOS)

JERARQUÍA DE LOS VIÑEDOS Y CRUS DE GRAVES
(TINTOS Y BLANCOS)

CLASIFICACIÓN DE SAINT ÉMILION (T.)

CLASIFICACIÓN DE ALEMANIA

PIRÁMIDE SOBRE COSECHAS: VORLESE, HAUPTLESE, KABINETT, SPÄTLESE, BEERENAUSLESE, TROCKENBEERENAUSLESE, ESIWEIN

VINOS DE PAGO (V.P.)
Toda la uva procederá del pago (paraje o sitio rural) con características que lo diferencian de otros de su entorno. La uva deberá ser de viñedos exclusivamente de ese pago y se elaborará y almacenará de forma separada de otros vinos

VINOS CON DENOMINACIÓN DE ORIGEN CALIFICADA (D.O.Ca.): Recoge todo lo anterior, con la diferencia de que estos vinos se comercializan exclusivamente embotellados desde bodega inscritas

VINOS CON DENOMINACIÓN DE ORIGEN (D.O.): Además de las características del anterior nivel, se deben elaborar en la zona geográfica determinada con uvas procedentes de la misma y disfrutar de un elevado prestigio en el mercado

VINO DE CALIDAD CON INDICACIÓN GEOGRÁFICA (V.C.I.G.): Producidos y elaborados en una región, comarca, localidad o lugar con uvas procedentes de los mismos, cuya reputación y características se deban al medio geográfico y/o factor humano en lo que se refiere a producción de la uva, elaboración y envejecimiento

VINOS DE LA TIERRA (V.T.): Podrán llevar el nombre de la zona goegráfica, delimitada, procedencia, variedades autorizadas, grado alcohólico y características organolépticas

VINOS DE MESA (V.M.): No cuentan con exigencias específicas, excepto las lógicas de la producción. No pueden indicar en la etiqueta ni añada, ni variedad, ni método de producción

la Tierra, Pays, indicación geográfica típica (VT, etcétera); Vino Delimitado de Calidad Superior, en Francia (VDQS); Denominación de Origen, en España e Italia; Denominación de Origen Calificada, en España; Denominación de Origen Controlada, en Italia y Portugal; Denominazione di Origine Controllata e Garantita, en Italia; Appellation d'Origine Contrôlée en Francia; QmP (Qualitätswein mit Prädekat), Vino de Calidad con Mención, en Alemania; etcétera.

Otra característica de un vino puede ser la de ser *monovarietal*, o sea, que se ha elaborado con una sola variedad de uva, y es habitual que esto se consigne en la etiqueta. También puede ser el resultado de una mezcla de variedades, de coupage, lo cual puede o no ponerse en las etiquetas, ya que en algunas zonas como Burdeos, la Rioja o Ribera del Duero es algo típico y tradicional.

Un vino apto para el consumo siempre suele llevar la mención «Vino de Mesa», sobre todo en la Unión Europea. Cuando un vino se elabora con mostos o vinos importados de países no europeos, su etiqueta debe consignarlo.

En alguna ocasión, puede inducir a error al consumidor el hecho de que dos vinos nacidos y elaborados en una misma provincia y en la misma zona estén acogidos a diferentes menciones. Esto es lo que ocurre, por ejemplo, con Vino de la Tierra de Castilla, mención común en dos denominaciones: DO Ribera del Júcar y DO La Mancha. En este caso, las viñas de producción pueden estar fuera del marco de la DO, o bien un viticultor puede optar por una de las dos posibilidades. También se da este caso en zonas como Burdeos y Borgoña. Aunque la mención y la denominación de origen es garantía de calidad, no en todas las denominaciones se produce esta coincidencia.

Ha de tenerse presente que la calidad puede estar bajo múltiples menciones, tanto si son de denominación como si no. Siempre son las DO las que someten los vinos a controles más rigurosos y, más recientemente, las DOCa (calificadas), aunque puede que incluso algunas bodegas efectúen estos controles de forma aún más rigurosa.

El grado alcohólico se expresa en valores de porcentaje del volumen; por ejemplo, 13,5 % vol. Lo habitual es que la graduación alcohólica casi nunca sea tan exacta como para expresarla, como así se hace, de 0,5 % en 0,5 %; esto permite a un vino que contenga 14,9 % vol, consignar en la etiqueta 14,5 % vol. Esta formulación tiene importancia económica, puesto que 0,5 % más o menos puede hacer que a un vino se le deba aplicar un tipo impositivo u otro. Otra mención que está presente en las etiquetas es el nombre y la dirección del embotellador. Si éste es independiente de la bodega, se expresa como «embotellado por y para»; en cambio, si lo que se consigna es: «embotellado en y por», significa que lo ha sido en la propia bodega de producción.

El volumen del vino siempre se expresa en centilitros y, en casos aislados, en mililitros. La añada, cosecha o vintage es una mención que siempre denota calidad en un vino y aporta seriedad por parte de sus elaboradores. Existen ejemplos de grandes vinos elaborados expresamente con ensamblaje de varias cosechas como es el caso del «especial» de Vega Sicilia. No es habitual que la fecha de embotellado se ponga en la etiqueta de un vino, a excepción de algunos generosos especiales y también en algunos cavas; en estos últimos es una garantía del tiempo que lleva el producto en el mercado. La marca, unida a la calidad, es lo que hace grande a un vino y, además, es lo que el consumidor memoriza. El nombre de la viña, pago, parcela, quinta, clos, châteaux, de donde procede el vino puede tener en ocasiones la equivalencia de alta calidad; aunque también existen vinos de gran calidad de un único pago, de multipagos e, incluso, de una amplia zona vinícola; a veces todo depende de la variedad de uvas con que se elabore el vino. Los últimos años han ofrecido exquisiteces de vinos elaborados con uvas, o la mezcla de vinos, procedentes de diferentes denominaciones. El tipo de vino no es una mención muy habitual en las etiquetas, excepto en las de aquellos de características especiales, como los dulces y generosos (manzanilla, oloroso, etcétera). Sí es habitual, en cambio, hacer referencias en las contraetiquetas a la temperatura y el acondicionamiento para el servicio, apertura anticipada, maridajes...

Cuando en una contraetiqueta se informa de los porcentajes de las variedades de uva con los que se ha elaborado el vino, ha de tenerse en cuenta que siempre son valores aproximados, puesto que un 5 % más o menos de una u otra uva no siempre se nota en el sabor final de un vino.

Al final, y con independencia de todo lo leído, es la bodega la que marca la calidad de un vino.

MENCIONES CLÁSICAS Y PAÍSES

España, Portugal, Italia y Grecia son los únicos países europeos que, en los vinos con DOCa, incluyen en sus contraetiquetas o etiquetas menciones referentes a tiempos mínimos de crianza —estancia entre barrica y botella en bodega—, antes de salir al mercado. En ningún otro país, con alguna excepción, estas menciones tienen idénticos significados y, aunque sí se las puede hallar en países de Sudamérica, en California e incluso en Francia, no significan nada, excepto cuando puedan ser atribuidas a añadas o selecciones excepcionales, y esto siempre en función de la confianza que puedan merecer la bodega o el vino al cual se asignen tales menciones.

Con algunas modificaciones, según países, el sistema al que se hace referencia es el siguiente:

De los esquemas anteriores ha de entenderse que, además de calidad, en función

CUADRO DE CRIANZAS

Tinto roble: media crianza	De cuatro a ocho meses en madera y salida al mercado (no oficial)
Crianza	Entre seis y doce meses en barrica o depósito de madera y doce meses en botella u otro recipiente
Reserva	Un total de tres años, al menos doce meses en barrica (doce más veinticuatro o veinticuatro más doce)
Gran Reserva	Un mínimo de veinticuatro meses en barrica, y treinta y seis en botella, antes de salir al mercado
Vinos de corte moderno	No especifican nada (como máximo reserva), suelen estar entre doce y veinticuatro meses en madera y en seguida salen al mercado

de tradición, legislación y bodega, se trata de períodos de tiempo mínimos de estancia en bodega, los cuales determinan en muchos casos (no en todos, incluso en denominaciones clásicas) un estilo de vinos más maduros, más hechos; un vino, como suele decirse, listo para beber. Esto es así en la mayoría de los casos.

Pero cuando grandes vinos que han permanecido tiempos adecuados de crianza en madera, es decir, quince, dieciocho, o veinticuatro meses en barricas nuevas, se ponen en el mercado antes de cumplir los tiempos mínimos en botella exigidos por las Denominaciones de Origen, no pueden, aun tratándose de excelencias, recoger la mención de Reserva o Gran Reserva, lo cual en la calidad intrínseca del mismo no significa nada. Sí tiene, en cambio, el significado de que si la bodega traslada antes el vino al mercado, antes recupera la inversión.

Un vino clásico, con la mención de Gran Reserva, por fuerza ha de ser caro, ya que suele permanecer inmovilizado en la bodega un mínimo de cinco años, con la carga financiera que ello supone. Por tanto, hay que saber que las menciones de Reserva y Gran Reserva en algunos vinos son importantes y en otros no, pero en ambas situaciones puede tratarse de vinos de gran calidad.

Hay que recordar que un vino con una corta crianza o con la mención de Crianza nunca se convertirá en Reserva, por muchos años que se lo conserve en la casa o en la bodega, ya que se trata de calidades de uva y elaboración diferentes en origen.

Tampoco un Gran Reserva es mejor que un Reserva; la primera mención corresponde, como se ha dicho, a tiempos mínimos de estancia entre madera y botella más largos. O sea, un vino más criado y con más tiempo en madera, más maduro y para tomar antes.

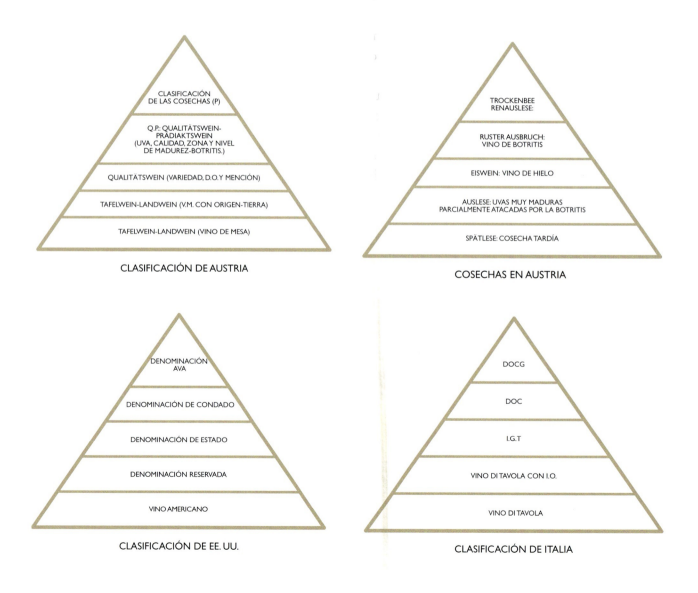

LA BODEGA EN CASA

Después de la crianza, los vinos son embotellados y permanecen un tiempo en reposo para asentarse. Menos los vinos sometidos a estancias mínimas entre madera y botella, como es el caso de los Crianza, Reserva y Gran Reserva, el tiempo de reposo se establece en función de cada tipo y según criterio del elaborador, sobre todo en los vinos modernos.

El vino, gracias a sus enzimas, evoluciona como los seres humanos y tiene un nacimiento, un tiempo de desarrollo, se hace adulto y maduro, y al final, muere.

Cuando se compra un vino hay que informarse de si se trata de uno que sale de la bodega para beberlo de inmediato o si, en cambio, se trata de esos vinos que tanto sirven para beberlos como para guardarlos. Dos estilos y dos sistemas de almacenaje y consumo.

La bodega del hogar debería cumplir un mínimo de requisitos para que los vinos se mantengan en buenas condiciones de temperatura y humedad y evitar así una evolución rápida.

Una bodega idónea es aquella que se construye en un sótano, o bien en un local con paredes gruesas y con buen aislamiento de piedra porosa y orientada al norte. Cuando hay problemas de exceso de humedad ha de ventilarse, además de poner en el suelo escorias de acero; si ocurre lo contrario, es decir, falta humedad, el problema tiene fácil solución: se instala un humidificador. Incluso los utilizados en pueri-

cultura sirven y son muy prácticos. Un exceso de humedad permite la aparición de hongos en los corchos, y la humedad escasa, su desecamiento, con la posibilidad de que permitan la entrada de oxígeno y se oxiden los vinos.

Un ambiente muy luminoso produce la enfermedad de la luz, y el exceso de calor algo semejante, además de ejercer de acelerador de la evolución de los vinos favoreciendo la oxidación.

Si no se cuenta con bodega y se vive en una casa, un lugar fresco es el hueco de la escalera y, en un edificio de apartamentos, las habitaciones orientadas al norte. Existen en el mercado armarios-cava, con capacidades de hasta de 300 botellas, que pueden ser utilizados tanto como lugar de almacenaje como para ubicar los vinos de guarda, y resultan adecuados para casas y pisos.

La luz y el sol son los mayores oxidantes de la piel y de los vinos.

Debe procurarse que la temperatura sea aproximadamente de 14 °C y que el índice de humedad se sitúe entre el 65 y el 80 %. La luz ha de ser ambiental. Para las estanterías y los botelleros son preferibles el aluminio, el plástico endurecido, la cerámica o similares. Se desaconsejan las instalaciones de madera, ya que pueden ser fuente de contaminaciones.

Y una última recomendación, aunque no menos importante: en una bodega de vinos sólo se han de conservar vinos.

Cuando se conservan los vinos en casa lo mejor es mantenerlos en la caja de cartón, un gran aislante de los agentes exteriores.

Todos los vinos tranquilos han de conservarse en posición horizontal, o poco inclinados, situando la burbuja de aire en el hombro y el corcho humedecido, pero sin presión.

Los vinos espumosos y especiales —generosos, encabezados o similares— se guardan en posición vertical, ya que el alcohol ataca los corchos en los generosos, y los espumosos no necesitan que el corcho esté en contacto con el vino.

Cuando se envejecen los vinos muchos años, es útil cortarles la cápsula a ras de la parte superior del cuello de la botella a fin de observar de manera periódica el estado de los corchos; si alguno presentara un poro rezumante, lo más práctico es retirar la botella y consumir el vino, si aún es posible. Si algo sale por el corcho, es que algo ha entrado, en este caso oxígeno.

Siempre resulta interesante y sobre todo muy útil tener un cuaderno de bodega. En él se pueden realizar todo tipo de anotaciones, como el día en que se compró la botella o varias del mismo vino, así como su origen, tipo y estilo, añada, incluso el precio que se abonó, ya que una bodega, incluso casera, puede llegar a valer mucho dinero, y esta inversión, en función de los vinos y su tiempo óptimo, puede ser rentable o un desastre. Conviene siempre anotar el día en que se cata un vino y las impresiones que dejaron sus características. Esta cata debe realizarse en un espacio de tiempo prudencial, en función del vino y contando desde el día en que fue adquirido y asentado en bodega.

Antes de realizar la primera cata de asentamiento en bodega, habrá de esperarse a que pase una semana, como máximo dos, plazo que se considera necesario para que el vino se asiente.

Hay que tener presente que un vino aguanta todo lo que aguante el corcho. Y que los nuevos corchos de siliconas sólo garantizan su eficacia un máximo de tres a cuatro años, no más.

La conservación de un vino está relacionada con muchos factores, entre los cua-

EL VIDRIO

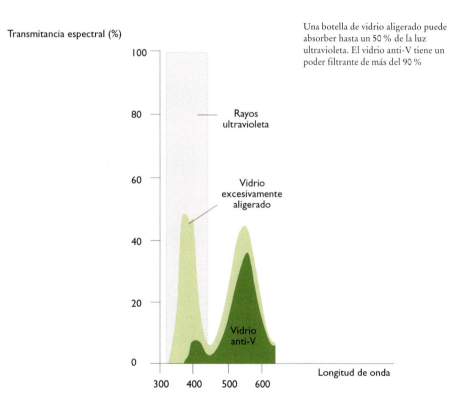

Una botella de vidrio aligerado puede absorber hasta un 50 % de la luz ultravioleta. El vidrio anti-V tiene un poder filtrante de más del 90 %

les se encuentran los siguientes: acidez, pH, grado alcohólico, polifenoles totales, índice de taninos y, también, volumen de la botella. Los vinos envasados en botellas *magnum* siempre vivirán más que los envasados en botellas de 70 o 75 cl. En envases aún más pequeños (de 50 o 37 cl.), aproximadamente la mitad. Los vinos especiales, dulces y de botritis viven más que la media, incluso más cuanto mayor sea el volumen de la botella.

OBSERVACIÓN DE LOS VINOS EN EL ENVEJECIMIENTO

LA COMPRA DE VINOS VIEJOS

Cada vez se compran menos vinos viejos. Esta afirmación se refiere a los vinos de mesa, no a los especiales. Se corre un gran riesgo, salvo que la compra se haga directamente en su propia bodega y el vino haya estado siempre a la misma temperatura y en buenas condiciones. Pero, aun así, es un riesgo. Un vino con más de diez años, salvo algunas magníficas excepciones, que las hay, debe beberse pronto pues está en la fecha máxima de consumo.

Ante la posibilidad de comprar, o al observar un vino viejo, hay que analizar siempre la «merma», el espacio vacío que hay entre vino y corcho. Cuando esta merma es mucha, más de 1,5 centímetros por debajo del corcho, o incluso si llega hasta donde empiezan los hombros, hay demasiada merma y la botella ha perdido vino, por tanto, ese espacio se ha llenado con oxígeno del exterior. Existen bastantes posibilidades de que el vino esté oxidado y ya haya empezado su avinagramiento.

El hecho de que un vino sea más viejo no indica que sea mejor o de mayor calidad. Hay vinos que están muy bien a los cinco años y otros a los diez, aunque éstos son en algunos casos demasiados años. También los diez años marcan, en la mayoría de los casos, la plenitud total de los vinos y el tiempo máximo para consumirlos, sobre todo en zonas cálidas.

En contra del tópico, un vino no se hace bueno en la botella; el vino mejora en ella y se va redondeando, pero ha de ser bueno y de calidad desde que nace hasta que se consume. Siempre es preferible beber un vino al cual le sobren cosas (acidez, potencia, tanino, cuerpo...) antes que guardarlo mucho tiempo y que pierda estas cualidades y no se las pueda disfrutar. Es decir, mejor que haya de más que de menos.

Entonces, ¿cuánto tiempo vive un vino? De forma genérica, un vino vivirá tanto tiempo como «elementos» tenga para perder. Esos elementos se analizan mediante la cata. Al vino que le sobran elementos puede preparárselo (domesticar) con las operaciones de oxigenación (decantación, aireado, jarreado, elección del tipo de copa, etcétera).

Cuando los vinos se conservan a temperaturas muy altas, entre 20 y 25 °C, se suelen presentar varios problemas, ya que se está sometiendo al vino al principio de dilatación y a una evolución prematura de sus cualidades. El vino, al dilatarse, puede perder líquido a través del tapón, llegando incluso hasta la expulsión del corcho; esta circunstancia obliga a la observación frecuente de la posible dilatación de los corchos en vinos longevos. Al mismo tiempo, y debido a la temperatura, el corcho puede sufrir un envejecimiento prematuro, mostrándose oscuro y casi seguro que se ha tornado rígido. Se estima que un vino conservado a 25 °C acorta un año de vida cada semana que pasa. En cambio, a temperaturas extremadamente bajas, por ejemplo de 5 °C, puede producirse la hidrólisis, es decir, la eliminación de los compuestos aromáticos en el agua del propio vino. Al mismo tiempo, estas temperaturas son negativas y alteran los compuestos responsables del brillo. Por supuesto, son muy peligrosos para la vida del vino los cambios bruscos de temperatura. Cuando un vino hace un viaje largo es normal que se fatigue; para que se recupere, lo correcto es dejarlo reposar un par de semanas y, con seguridad, al cabo de ese tiempo habrá recuperado toda su perfección.

CORCHOS, TAPONES Y VINOS

El corcho es el material más noble para el taponado correcto del vino. Es el único material, hasta la fecha, que tiene la capacidad de expandirse y contraerse ante los cambios de temperatura y, a la vez, ajustarse a la forma interior del cuello de las botellas, no siempre alineado ni del todo perfecto en tanto que cilindro regular.

Si al quitar el tapón de una botella el corcho chirría, se resiste a salir y, cuando se ha conseguido sacarlo, se observa que está muy oscuro y al tacto se nota duro y leñoso, se está ante un corcho envejecido y, en la mayoría de las ocasiones, el vino que ha tapado es viejo o ha evolucionado por diferentes factores.

Cuando el corcho tiene un tacto dúctil, terso y elástico, es evidente que el vino ha sido encorchado, o reencorchado, recientemente.

Si el corcho presenta, en la parte del espejo (parte coloreada en contacto con el vino), depósito de cristales, no hay que alarmarse, pues se trata de sales minerales conocidas como bitartratos. La mayoría de vinos tintos sólo se someten a filtrados suaves o incluso no se filtran, y esto hace que aparezcan los posos de forma prematura y también los depósitos de bitartratos.

Todas las condiciones climáticas del exterior inciden sobre el corcho; la falta de humedad provoca resecamiento y la aparición de poros rezumantes, con pérdida y oxidación de los vinos. En cambio, el exceso de humedad, puede hacer que aparezcan hongos en la parte superior.

El temido gorgojo, o polilla de los corchos, si está presente, dañará y estropeará el vino. El TCA (Tricloroanisol), presente en todas las partes leñosas de las maderas (barricas, armarios, botelleros o estanterías), será absorbido por el corcho y acabará contaminando el vino.

DEFECTOS DEL TAPONADO CON CORCHO

Botellas derramadas (falta de estanqueidad)	-Tapón plegado, pellizcado, deformado por los bocados del freno de la taponadora -Botella con gollete irregular o demasiado largo -Tapón de diámetro demasiado pequeño -Tapón demasiado flojo -Corcho de baja calidad, poroso, cortado demasiado cerca de la corteza -Efecto de dilatación del vino: embotellado a baja temperatura o exposición accidental a temperaturas elevadas de almacenaje -Tapón viejo, con pérdida de impermeabilidad
Sobre el tapón	-Polillas que contaminan los almacenes de botellas, ponen huevos en la superficie de los tapones y cuyas larvas excavan galerías en los mismos
Gusto del tapón	El defecto es bien conocido, pero su definición y sus causas imprecisas: -Enmohecimiento de la plancha de corcho -Gusto específico de los taninos del corcho -Contacto del vino tras el descorche con la zona superficial contaminada por un tapón enmohecido -Ciertos falsos gustos del vino son atribuidos injustamente al tapón; en ese caso, el lote del embotellado es defectuoso

Un buen vino ha de llevar un buen corcho, tanto en medidas como en calidad de la materia prima.

La primera función de un tapón de corcho es la de tapar y evitar la entrada de oxígeno en la botella.

UNA BARRICA EN LA BODEGA

En ocasiones puede surgir la ocurrencia de tener una barrica en la bodega; es cierto que da la impresión de auténtica bodega y, en verdad, como decoración es bonita, pero quizá presente algunos problemas.

Cuando de lo que se trata es de integrar pequeños barrilitos de madera en los que se pueda guardar algún licor o aguardiente, ha de tenerse en cuenta que la madera, poco a poco, se bebe el licor y maderiza el resto, ya que el recipiente respira a través de sus poros y la penetración del líquido es cada vez más profunda, incluso hasta las partes leñosas de las duelas. Esta práctica sólo es aconsejable en los casos de vinos dulces o encabezados con alcohol, tipo mistela.

Los vinos finos de mesa no hacen nada en una barrica excepto maderizarse y enranciarse.

Tampoco conviene tener en la bodega vinagres, ni en barricas ni en envases de cristal, ya que el material volátil picaría el resto de los vinos.

EL VINO Y SU SERVICIO

El servicio del vino es una práctica fácil, en la que no es necesario hacer alardes sofisticados que puedan estropear la ceremonia.

El servicio se inicia con la presentación del vino por parte del *sommelier* a quien lo haya pedido, y de inmediato se procede a cortar la cápsula, limpiar el cuello de la botella y descorchar. Se huele el corcho (prestando atención a cualquier tipo de olores extraños, como vinagre, TCA u hongos). A continuación se presenta el corcho al cliente o la persona que solicitó el vino, se vuelve a limpiar el gollete de la botella, y el *sommelier* se sirve un poco para analizar su estado; acto seguido sirve una pequeña cantidad a la persona que ha pedido el vino, sin hacer distinción de si es hombre o mujer. Una vez catado y aceptado, se sirve el vino al resto de comensales (en caso de seguir el sistema clásico, primero a la mujer de mayor edad acabando por la más joven, y luego al señor de mayor edad acabando por el más joven). Por último, se sirve a quien eligió y cató el vino.

Tanto en el caso de los vinos blancos como de los tintos jóvenes, la botella ha de mantenerse en una cubitera con hielo y agua (en función del tipo de vino), o bien ha de dejarse en la mesa sobre un plato o en la bandeja de presentación de vinos.

Los vinos espumosos se presentan en una cubitera con hielo y agua a fin de mantener su temperatura.

Los vinos tintos, incluso aunque no tengan posos, conviene presentarlos en cestillo; así se evita cualquier tipo de poso.

En el caso de realizar decantación o trasvase, el vino decantado o trasvasado se presenta en la frasca o el decanter correspondiente. La botella que contuvo el vino puede presentarse junto a la frasca.

Todo el servicio depende del tipo de vino, su categoría y su precio; a mayor calidad de vino, mayor es la ceremonia, aunque el servicio más simple en ocasiones resulta el más idóneo.

Ninguna botella ha de envolverse en la servilleta o el lito, ya que las botellas no se resfrían. La etiqueta de lo que se ha pedido y se está bebiendo debe estar siempre visible.

LOS VINOS Y SU TEMPERATURA

La temperatura en los vinos es una cuestión que, a veces, lleva a confusiones. Es importante recordar que la temperatura de conservación, de 14 a 16 °C, es válida para todo tipo de vinos, en tanto que la de servicio ha de ser la adecuada a cada tipo.

Para cumplir con las indicaciones sobre la temperatura, han de seguirse las siguientes recomendaciones:

— En los climas cálidos, como en el Mediterráneo, la meseta y Andalucía, e incluso en los archipiélagos, es una buena costumbre, sobre todo en verano, pedir los vinos tintos (no importa que sean Reserva o más o menos viejos) con una cubitera con agua del grifo y algunos cubitos de hielo. De esta forma se evita el calentamiento y el vino se mantiene a una temperatura próxima a la de servicio y conserva mejor su sabor. Nada hay más terrible que tomar un vino tinto caliente; es frecuente que entonces no se acabe la botella e incluso que a alguno de los comensales le duela un poco la cabeza.

Cuando se saca un vino de la bodega, por ejemplo, a unos 12 °C, hay que atemperarlo, o sea, hacer que suba su temperatura hasta aproximarla a la de servicio. Si se quiere atemperar un vino hasta los 16 °C, lo adecuado es sacarlo de la bodega y dejarlo en la sala un tiempo prudencial e incluso, si es invierno, envolviéndolo en un paño caliente.

Si se trata de enfriar un vino, lo mejor es colocar la botella en una cubitera con hielo frappé y agua fría. Aproximadamente en veinte minutos el vino estará a una temperatura de 8° a 10 °C.

La denominada temperatura ambiente procede de la época de los castillos y palacios donde la bodega estaba a 16 °C, ya que el ambiente no tiene nada que ver con la temperatura media de cada una de las ciudades, países o zonas de un mismo país. La temperatura ambiente se refiere a la temperatura de servicio, que cambia en función del tipo de vino.

A modo de orientación y agrupando los vinos por tipos, las temperaturas de servicio más correctas serían las siguientes:

— Los cavas, los champagnes y los espumosos, en general, entre 6 y 8 °C, aunque los más viejos (de crianza) es mejor servirlos a unos 10 °C, incluso 12 °C, sobre todo si se beben acompañando carnes.

La temperatura máxima de servicio de un vino viene marcada por el punto de evaporación del alcohol, situado en los 18 °C. Hay que tener en cuenta que en el momento del consumo, el vino habrá aumentado unos 2 °C respecto a la temperatura de servicio

— Los vinos blancos jóvenes, los finos y las manzanillas a temperaturas superiores, entre los 6 y los 10 °C, según su acidez y el grado de alcohol.

— Para los blancos dulces, en función de la acidez, la temperatura adecuada oscilaría entre 5 y 8 °C.

— Los blancos con crianza y/o fermentación en barrica, así como blancos añejos, saben mejor a 10 o 12 °C, lo que permite apreciar todas las características aromáticas derivadas de la crianza.

— Los claretes y rosados muestran con más soltura las notas afrutadas de la maceración a unos 10 o 12 °C.

— Los vinos encabezados, de los tipos Oporto y Madeira, deben servirse entre los 13 y 16 °C.

— Los vinos tintos con cuerpo y los amontillados y olorosos, servidos entre los 14 y 17 °C, mantienen presentes las notas de los taninos y su cuerpo.

— Para los tintos, la temperatura máxima de servicio la marca la de evaporación del alcohol, lo que la sitúa en los 18 °C. Esto permite que un tinto pueda servirse a 16 °C si la temperatura de la estancia se sitúa en 20 o 22 °C, ya que en muy poco tiempo el vino alcanzará los 18 °C. En cambio, si se sirve a 18 °C, pronto alcanzará los 20 °C, y esta temperatura puede ser demasiado alta.

— Ante los vinos tintos muy viejos se ha de ser muy cauto y tener en cuenta que lo que conserva es la temperatura y, con independencia de analizar el tipo de vino y su estado, los 14 o 16 °C son la temperatura idónea para servirlos.

LOS VINOS Y SU TEMPERATURA EN LA CATA Y EL SERVICIO

En el apartado anterior se ha hecho referencia a la función de la temperatura óptima para el servicio. En éste, de lo que se trata es de establecer la incidencia en los vinos de las situaciones de exceso de la temperatura, entendidas como frío y calor. En primer lugar, el exceso de frío inhibe sobre todo las sensaciones alcohólica y azucarada, pero en cambio aumenta la tánica. Y, en segundo lugar, el exceso de calor oxida y evapora, incrementando la sensación tanto de oxidación como alcohólica. Por tanto, se trata de ir al rescate de todas las características organolépticas de los vinos. Con esta premisa, como en un juego de acierto y error, han de buscarse las temperaturas intermedias que hagan reaparecer aquellas características que, además, son particulares en cada tipo de vino.

Un vino tinto con crianza y con algunos años de envejecimiento, servido a 8 °C, no puede mostrar sus aromas pues quedan neutralizados. A 12 °C éstos empiezan a mostrarse, pero aún son poco activos. En cambio, a 16 o 18 °C, los aromas expresan todo su esplendor a la par que el vino es suave y fluido.

Cuanto más tánico sea un vino tinto, menos frío ha de servirse, ya que el tanino y el frío no son buenos amigos.

El gas carbónico también se inhibe con una temperatura demasiado baja y puede resultar agresivo si se lo sirve próximo a los 14 °C.

Un vino dulce puede ser empalagoso servido a unos 18 °C; en cambio, puede resultar muy agradable a unos 8 o 10 °C.

¿APERTURA ANTICIPADA?

Un comentario habitual, que llega incluso a la categoría de consejo en etiquetas y contraetiquetas, por citar una frase como ejemplo, dice: «Abrir antes del servicio para su oxigenación.»

¿Beneficia realmente esto al vino? En el 99 % de los casos no, pero si se trata de la apertura anticipada de un vino viejo, ésta consigue que alguna parte del aroma a reducción (típico de la vejez) se elimine, pero la respiración del vino en este caso es mínima.

APERTURA ANTICIPADA

Menor volumen de vino, Mayor superficie de contacto, Mayor masa de oxígeno =
= Mayor oxigenación del vino con más intensidad de los aromas y buqué

La oxidación de un líquido alcohólico va en función del volumen, la superficie de contacto y la masa de oxígeno. Cuanto menor es el volumen de vino, mayor la superficie de contacto y mayor también la masa de oxígeno del vino, con más intensidad de los aromas y buqués

Ante la pregunta de si es malo hacer esta apertura anticipada, la respuesta es que no, aunque la oxigenación real, en este caso, equivale a una milésima parte del vino.

Las pruebas realizadas a lo largo de cinco años en vinos tintos con aperturas anticipadas de tres, dos, una hora y quince minutos han demostrado que, en vinos tintos de la misma cosecha y con dos y tres años, seguían cerrados en el momento de la cata, tanto los viejos (ocho a diez años) como los jóvenes.

La oxigenación de un líquido alcohólico, en este caso un vino, va en función de la superficie de contacto, el volumen y la masa de oxígeno. De ahí que en una botella abierta una hora antes «no ocurra nada», ya que la superficie de contacto que ofrece la merma es muy escasa.

Cuando se han servido varias copas y el volumen del líquido ha bajado de nivel, la superficie de contacto con el aire aumenta más de diez veces y la masa de oxígeno en contacto con el vino aumenta a su vez considerablemente. Se suele decir, y con razón, que las últimas copas son las que mejor saben.

La auténtica oxigenación de un vino (sin decantar) se lleva a cabo en la copa, de ahí que las formas en el cuerpo y una embocadura más abierta o cerrada cobren gran importancia.

APERTURA DE LOS VINOS ESPUMOSOS

La apertura de los espumosos está marcada por la simplicidad. Una vez instalado el vino espumoso en la cubitera a fin de mantener su temperatura, se ha de sacar de la misma para presentarlo. A continuación, en la misma cubitera, sobre una mesa auxiliar o en la mesa de los clientes, se coloca el dedo pulgar sobre la parte superior del tapón y se procede a quitar la cinta de desgarre, luego la cápsula y el bozal de alambre y, manteniendo siempre el dedo pulgar en la misma posición, se hacen unos pequeños giros entre botella y tapón para evitar el ruido y la pérdida de espuma y aromas al quitarlo; se huele el corcho, se limpia el gollete y se sirve.

Los vinos espumosos se sirven siempre en copas altas, tipo flauta, siempre en dos golpes, ya que en el primero, con el cambio de temperatura, la espuma podría salir de la copa. Luego ha de servirse menos y también en dos veces. El nivel máximo en las copas servidas debe ser de dos tercios de su capacidad.

DECANTAR O TRASVASAR

Entre decantar y trasvasar (jarrear) hay una gran diferencia, aunque en ambas operaciones el propósito final sea abrir y dejar respirar el vino.

Decantar significa separar los líquidos de los sólidos. Es la operación que se hace con los vinos viejos, con posos, y que necesitan una leve respiración. Para ello se utilizan una vela y un decanter, o jarra, de cuello estrecho y base amplia.

Trasvasar: esta operación tiene por objeto domesticar a los vinos duros, con cuerpo, de buen color y tánicos, normalmente de cosechas recientes. En este caso, y si no hay posos, la vela no se utiliza. En la operación se «rompe» el vino en el fondo del decanter, que ha de ser de cuello abierto para someterlo a una sobreoxigenación.

Sistema mixto: para aquellos vinos duros que a la vez tienen posos o cuya etiqueta indica que han sido poco filtrados. En este caso se utiliza la vela y un decanter con el cuello lo más abierto posible y con buena base. Una vez decantado, se hace girar bruscamente el decanter para oxigenar al máximo el vino.

Los elementos residuales son una señal de envejecimiento del color (compuesto por bitartratos, pigmentos, etcétera), formados por los agentes sólidos y tánicos presentes en la piel de las uvas; pero hay algunos vinos cuyos posos no son originados por este fenómeno y que no han sido clarificados totalmente en las bodegas. Es el caso del vino turbio.

EL CRISTAL Y SU HISTORIA

¿A qué es debido que pueda elaborarse un producto con materias primas opacas, tales como arena, sosa, cal y potasa, de los que resulte al final de todo el proceso un material tan claro y limpio como la luz?

Una posible definición científica sería: «El cristal, según su estructura física, es un líquido. El cristal rojo candente a 1 500 °C conserva asimismo, en estado frío, sus características de líquido y sigue siendo transparente».

Esta explicación es seguramente concluyente pero, a pesar de todo, algunos siguen creyendo que se trata de un pequeño milagro. Es en verdad fascinante conociendo su procedencia. El cristal es un producto de la casualidad. Una masa fundida de arena caliza y sosa; materias primas que se encuentran en cualquier lugar del desierto. Nadie lo sabe a ciencia cierta, pero consta que las primeras viejas piezas del hallazgo, datadas en miles de años, provienen de Egipto y Mesopotamia, lo cual podría confirmar la anterior tesis.

Los romanos introdujeron el cristal en Europa. El invento de la pipa para la fabricación de cristal, hace más de dos mil años en Siria, hizo posible el soplado del mismo en formas preconcebidas.

La época del desarrollo del cristal había comenzado y la evolución de formas nuevas y artísticas, así como la técnica de fabricación y transformación, para continuar mejorando la calidad del cristal, han sido capitales para el desarrollo de este maravilloso material.

Las fábricas elaboradoras de cristal han desarrollado, a lo largo de décadas, sus propios y bien guardados procesos de fabricación, en la búsqueda de una mejora continuada tanto de la calidad como de la pureza.

LAS COPAS Y LOS VINOS

Es verdad que, en función del tipo de copa, un vino puede saber mejor o peor. La forma del cuerpo, la finura y calidad del cristal, y la forma de su embocadura, son elementos muy importantes en el sabor final de los vinos.

Por esta razón, los vinos muy aromáticos y perfumados no tienen necesidad de servirse en copas con demasiado cuerpo, ya que no se persigue la concentración de los aromas; en cambio, para los vinos más viejos y delicados, sí que es importante servirlos en copas con buen cuerpo, donde se sirva poco volumen para tener una buena superficie de contacto y una embocadura cerrada que evite la pérdida de aromas. Éste es el caso de los Borgoñas, Riojas clásicos y vinos maduros y de carácter mediterráneo clásico; por el contrario, los vinos potentes, de estilo más moderno como los Burdeos, Riojas modernos, Riberas, Toro modernos, Penedès, Somontanos con carácter o similares, son más cabales en una copa de tipo cáliz, con buen cuerpo y embocadura abierta a fin de conseguir una oxigenación mayor.

Para un cava o un espumoso joven, basta con la típica copa flauta pero, cuando se trata de grandes reservas o viejas cuvées de estos vinos, la copa, siguiendo con la

TIPOS DE COPAS TRADICIONALES

forma flauta o cáliz, ha de ser más grande para que estos vinos respiren y ofrezcan todos sus aromas de la crianza.

Un cava o un champagne de larga crianza también tiene derecho a respirar, en este caso, en una copa de mayor cuerpo y volumen.

La copa oficial de cata, un tanto en desuso

EL CUIDADO DE LAS COPAS

Tanto para catar como en casa, hay que intentar tener una serie de copas adecuadas para cada tipo de vino. De todos modos, con seis tipos de copas es suficiente: de espumoso, de vino blanco joven, de blanco barrica y tinto joven, de tinto maduro y envejecido, de tinto poderoso y de postre. Deben cuidarse las copas para que no alteren las características de los vinos.

A continuación, se citan algunas consideraciones sobre los cuidados y la higiene de las copas:

— En el lavavajillas, las copas han de lavarse solas, con un lavado especial.
— Lo mejor es lavarlas con agua caliente y detergente en polvo y secarlas bien con trapos de lino o de materiales que no dejen pelusa.
— Siempre han de guardarse en posición vertical boca arriba, para que el aire circule en su interior y no se impregnen de los aromas de la superficie.
— En los cavas, un resto de polvo puede producir rosarios de burbujas muy marcados. Los restos de humedad actúan como antiespumantes, al igual que los restos de jabón o detergente.

MARIDAJES

VINO Y GASTRONOMÍA

La unión del vino y la comida es también otro sistema de cata; en este caso, cuando se consigue casar perfectamente un determinado vino con un determinado plato se crea en el paladar una sensación de armonía donde la percepción sensorial es uniforme.

De lo que se trata es de que ninguno de los dos elementos pierda su personalidad, sino que la realcen y que puedan percibirse las características del vino y del plato o producto en cuestión. Podría decirse que es una de las catas más placenteras, y los análisis son los mismos que cuando se cata sólo el vino, o bien sólo un plato o producto.

Pero todo tiene un sistema para llegar al maridaje perfecto y llevar a cabo una cata donde serán analizados ambos componentes o contrayentes.

Las bases para un perfecto casamiento entre vinos y platos se basan en el aná-

Foto: Restaurante Calasanz

lisis de los diferentes ingredientes y elementos que definen la personalidad de un plato y un vino.

Los elementos principales de un plato son los siguientes:
— Producto
— Materia prima
— Salseado o aderezo
— Tipo de cocción
— Sabor y textura
— Color y presentación

Los elementos principales que deben tenerse en cuenta en un vino son:
— Color: gama, intensidad...
— Aroma: intensidad, potencia y gama aromática
— Sabor: índice de azúcar, acidez, cuerpo, volumen en boca, grado de alcohol, persistencia, potencia, tanicidad y duración del posgusto

Al hacer el análisis de los diferentes elementos expuestos, puede conseguirse el maridaje perfecto entre los vinos y los platos. Pero para ello es preciso valorar la incidencia y personalidad de los diferentes enemigos de los vinos, tales como:
— Vinagretas o ensaladas, debido a la volatilidad del ácido acético
— Helados, principalmente por el cambio de temperatura
— Chocolates, sobre todo los amargos, que acentúan la acidez y los índices de tanino
— Raíces y achicorias: alcachofas, espárragos, endibias, hongos, etcétera
— Huevos, tomates...

Ha de tenerse en cuenta que los alimentos salados, como el marisco y las salazones, casan muy mal con los vinos tánicos, ya que la sal acentúa el tanino y las convierte en amargos y picantes. Es cierto que un determinado plato puede estropear un vino, pero resulta difícil que un vino haga lo mismo con un plato. Raíces, achicorias, hongos y huevos mezclados entre sí pueden dar lugar a un plato que armonice plenamente con un vino.

Un menú de degustación clásico se inicia con platos ligeros donde predominan los colores claros y amarillo verdosos, para pasar a los blancos pajizos y las salsas claras de los pescados y de algunas carnes blancas y, luego, a las carnes más oscuras y con más cuerpo (o pescados de fuerte textura). El menú puede finalizar con una tabla de quesos, postres

Foto: Restaurante Calasanz

Fotos: Restaurante Calasanz

dulces y frutas. La amplia gama de tipos de vino facilita que siempre exista uno indicado para cualquier clase de plato.

Un vino puede llegar a casar con el olor o el tipo de un plato determinado, la hora del día, la estación climatológica e incluso, de un modo general, la edad y el estado anímico de las personas. Quienes analizan los vinos deberían detenerse en el color para que, en la medida de lo posible, el del vino case con el colorido del plato, teniendo en cuenta la semejanza o el contraste. En esta fase visual, conviene contemplar el grado de limpidez y el brillo del vino. En la fase olfativa debe calibrarse la intensidad y persistencia aromáticas del vino y, dependiendo del resultado, el vino podrá acompañar un plato con más o menos aroma. Ninguno de los factores ha de dominar por encima de los demás. La calidad del aroma es muy importante, ya que sería incongruente servir un vino con un aroma ligero de carácter floral o vegetal con un plato rico en intensos aromas especiados de carne o salsa oscura.

La intensidad gustativa del vino debe guardar relación con la intensidad gustativa del plato para que ninguno se quede corto ni domine por encima de los sabores del otro. Además de la intensidad, en la fase gustativa han de tenerse en cuenta los siguientes componentes del vino: acidez, grado y volumen alcohólico, índice de tanicidad, fragancia y ligereza, nivel de azúcar, vivacidad, madurez y vejez (reducción) y permanencia gustativa.

La vía retronasal confirmará las sensaciones analizadas anteriormente o alertará de la falta de alguno de los elementos o la aparición de otros.

Ha de medirse el posgusto del vino para poder nivelarlo con el que puede dejar un determinado plato.

Como se ha comentado antes, no todos los vinos pueden combinarse con todos los platos y, por tanto, forma parte del arte de la buena mesa conseguir la combinación perfecta entre unos y otros. Lo ideal es lograr la plena armonía entre los sabores de lo que se come y lo que se bebe para que ningún elemento neutralice o se superponga; se debe intentar realzar los matices buscando la perfecta concordancia tanto en lo referido a las percepciones como a la naturaleza y la calidad de los vinos y alimentos. Puede concluirse que, en general, un vino flojo, insípido, no casará bien con un plato muy sabroso y, al contrario, un vino muy aromático, rico en sabores, no ligará con un plato muy suave. Además, un plato muy sazonado requiere una bebida poco alcohólica, fresca y sencilla, capaz de mitigar la sed que produce la sal.

En general, la cocina rústica y pesada se acompaña de un vino de las mismas características, ya que un vino fino desentonaría y no sería apreciado en su totalidad, perdiendo categoría.

Se ha comentado antes que el vinagre, las vinagretas y las ensaladas avinagradas son platos de mucho riesgo para el vino. También ocurre algo similar con el chocolate, la *mousse* de chocolate y los helados que, debido a su dulzor, en ocasiones muy potente, neutralizan totalmente los sabores y aromas del vino, por muy fuerte o licoroso que éste sea. Las alcachofas, los espárragos, los hongos y las endibias (mucho más amargas si se cortan al estilo juliana) tampoco son nada recomendables, al igual que el tomate, las salsas y los berros, que emiten grandes cantidades de ácido fórmico y sientan fatal a los taninos ácidos. Otro de los problemas para coordinar una comida y un vino se encuentra cuando los alimentos están cocinados con vinos o bebidas industriales, muchas veces de mediocre calidad. Por lo demás, y excluyendo este último supuesto y las excepciones comentadas antes, no hay duda de que siempre será posible armonizar un vino para cada ocasión y para cada plato.

MARIDAJES GENÉRICOS

Aunque se ha comentado reiteradas veces que combinar vinos y platos es un arte difícil que requiere conocimientos y experiencia, es posible establecer unas reglas genéricas que definen los maridajes más clásicos.

Cabe señalar que los vinos rosados secos son los que menos problemas comportan, ya que combinan perfectamente con la mayoría de platos que componen la amplia y rica dieta mediterránea. En cuanto a los tintos, los más añejos, los maduros en bodega, robustos y poderosos, combinan bien con carnes duras, como aves de caza, jabalí, pato salvaje, venado, liebre y, también, con los quesos maduros. Los tintos plenos y fuertes combinan perfectamente con alimentos guisados y asados con tiempo, con platos de cazuela elaborados con paciencia y al estilo tradicional. Los vinos tintos más flojos, de medio cuerpo, combinan con carnes algo menos elaboradas y menos fuertes (asados de ave, estofados, cordero...). Por último, el pescado de río (trucha asalmonada, salmón fresco...), los embutidos, el conejo y los quesos suaves se deben servir acompañados de un buen tinto fresco, alegre y vivaz.

En el apartado de vinos blancos, puede decirse que los secos y aromáticos son perfectos para pescados ahumados, bullabesas, jamones, salmonetes a la plancha, patés y quesos de cabra. Los blancos secos más ligeros ligan bien con los pescados de agua dulce y también con mejillones, vieiras y pastas de pescado. Con un blanco de mayor cuerpo se sirven tarrinas de pescado, ensaladas de pescado frío, etcétera. Un blanco seco de cuerpo entero puede combinarse con langostas, cangrejos, rodaballo e incluso pollo, si está cocinado de forma suave,

por ejemplo, con salsa bechamel. Como aperitivo y entre comidas funcionan bien los blancos verdes, con un punto de dulzura. Los semi-dulces son lo mejor para los postres con frutas. En algún caso, un blanco ácido puede dar un toque de genialidad a un paté. Para los postres no muy azucarados (por ejemplo, fresas con nata o pasteles de peras o melocotones) son ideales los blancos muy dulces.

Por último, los platos demasiado condimentados matan el aroma y el sabor del vino, por lo que en estos casos lo mejor es acompañar la comida con cerveza o cualquier otra bebida.

En otro sentido, las cocinas tradicionales y los vinos de cada zona han ido de la mano desde sus comienzos. En cada región se han adaptado las unas a los otros y viceversa, hasta convertirse en compañeros inseparables e ineludibles si se quiere degustar la gastronomía propia de algún lugar.

Tal como se ha comentado, la comida muy salada resulta difícil de combinar con un vino, por lo que el caviar, por ejemplo, debe servirse con cavas o champagnes envejecidos, si aquél es beluga, o con vinos más jóvenes y ácidos (o incluso con aguardientes) si se tratase de sevruga.

Los quesos fuertes, tipo roquefort o cabrales, se combinan con vinos dulces y licorosos, ya que así se obtiene un interesante y delicioso contraste entre lo salado y lo dulce. En cuanto a la comida ahumada, se suele acompañar con vinos blancos aromáticos.

El sabor de los Burdeos, Rioja, Ribera del Duero o Borgoña se beneficia si se sirven estos vinos con un buen cordero asado o unas chuletas a la brasa, mientras que la caza, si se come fría, pide un tinto fino y suave. En cualquier caso, lo mejor y más sensato es planificar el menú partiendo de las comidas típicas de la zona y con la carta de vinos en la mano para conocer las características de cada cosecha. Un tinto ligero de un año determinado irá mejor para acompañar platos suaves, mientras que otro más concentrado servirá para comidas de más contundencia.

EL VINO EN EL APERITIVO

La bebida que mejor predispone al organismo para la comida es el vino y, por tanto, constituye el mejor aperitivo a pesar de las modas y los criterios que imperan en ciertos países. Esta bebida es la más adecuada porque tiene una limitada proporción de alcohol y es baja en azúcares, por lo que no deja esa sensación de saturación antes de comer y evita el exceso de calorías de la mayoría de los alcoholes que se usan como aperitivo. Aunque existe una extensa gama de vinos para esta finalidad, los más indicados son los jóvenes, frescos y afrutados, y también los espumosos, por sus características organolépticas.

Desde siempre, los más clásicos para este momento del día han sido los vinos generosos secos, como jerez, manzanilla, montilla y oportos secos; pero también los vinos blancos secos constituyen excelentes aperitivos. Aunque en algunos países se mezclan con licores o cremas, debe tenerse en cuenta que un blanco seco tiene suficiente personalidad, gusto y aroma como para ser bebido solo.

Los blanc de blancs (vino blanco obtenido con uvas blancas), el cava y el champagne son ideales para beber sin ningún tipo de mezcla que enmascare sus cualidades innatas. Los vinos tintos ligeros, afrutados y jóvenes (tintos de maceración carbónica), pueden desempeñar también un buen papel como aperitivo. En este caso, y aunque se trate de tintos, el vino debe servirse fresco.

LOS COMPONENTES DEL VINO

El vino es una bebida hidroalcohólica, ya que en un 80 o 90 % es agua biológicamente pura, o sea, que procede de la cepa, y un 10 o 15 % es alcohol.

El resto de componentes están formados por centenares de sustancias que se encuentran en proporciones muy pequeñas, pero que ejercen una influencia en relación con su concentración.

La gran mayoría de estas sustancias proceden de la uva, otras en cambio proceden de la tierra, un tercer grupo se desarrolla durante la maceración y/o fermentación, otras muchas sustancias se producen durante el período de crianza en depósitos de roble (barrica) y, un último grupo, durante su envejecimiento en botella. El origen variado de estas sustancias es lo que dificulta un tanto el análisis de un vino, pero es en esta complicación donde se encuentra la grandeza de un vino, que lo separa de cualquier otra bebida, incluso alcohólica.

Unas sustancias son las responsables de la gama de colores, otras de la complejidad de aromas y unas terceras de los sabores básicos.

En la lengua o el órgano del gusto (todo gusto es olfato, excepto los sabores básicos) se detectan los cinco sabores elementales; éstos son: dulce, ácido, salado, amargo y umami (sabroso). El resto son apreciaciones táctiles. La unión de estos cinco sabores forma en parte el cuerpo de un vino y es, a la vez, responsable de equilibrios, redondez, etcétera.

LAS SUSTANCIAS COLORANTES

Son las responsables del color de los vinos y aparecen en la uva con la maduración. En la fase del envero, las uvas pierden clorofila y se pigmentan con el color definitivo. Estos pigmentos se encuentran en el hollejo de la uva y, después, en la fase de fermentación pasan a mosto y originan el color del vino.

Estas sustancias pertenecen a dos grandes grupos:
— Antocianos o pigmentos rojos (vinos rosados y tintos)
— Flavonas o pigmentos amarillos (vinos blancos)

Su concentración puede variar según la variedad de la uva, la maduración y el momento de la vendimia, la orientación, las técnicas de cultivo, las técnicas de concentración y extracción, etcétera.

Durante la evolución de un vino blanco, las flavonas se oxidan y concentran, provocando el cambio de color. Los vinos blancos se concentran, remontan, vuelven oscuros y pasan de los amarillos nacarados verdosos a los dorados, oro y ámbar piel de cebolla.

En cambio, los antocianos, en los vinos rosados y tintos, con la evolución y vejez se van precipitando. El vino, como consecuencia, pierde color y pasa del rojo mora violáceo a tonalidades como piel de cebolla o naranja.

De esta forma, y a través de la observación de los colores, puede definirse a priori la edad o el estado de evolución de un vino, pero la confirmación siempre la harán los sentidos del olfato y el gusto.

LAS SUSTANCIAS AROMÁTICAS

Este conjunto de sustancias se divide en tres, incluso cuatro grupos:

LOS AROMAS PRIMARIOS

Son todos aquellos que proceden de la uva y por tanto del mosto. Dependen del tipo de uva, de la tierra donde se ha cultivado, del momento de la vendimia, de las técnicas de elaboración, de la tecnología en el transporte y bodega, de la edad y carga de la cepa, etcétera.

También los aromas minerales, extraídos por la cepa, se consideran en muchas ocasiones primarios.

Los aromas primarios siempre han de estar relacionados con vegetales, flores, frutas, minerales...

Según el tipo de vino, se suelen percibir nada más servir el vino y sin necesidad de agitar la copa.

Las sustancias responsables de los aromas primarios (florales y frutales) son acetatos, alcoholes, ácidos, ésteres y terpenos.

LOS AROMAS SECUNDARIOS

A estos aromas algunos catadores los califican como «buqué primario»; en realidad se denominan así porque se producen en la segunda fase de la creación de un vino.

Son aromas que se desarrollan durante la operación de fermentación alcohólica. Se identifican por un potente olor vinoso desarrollado por la acción de las levaduras, cuya volatilidad impregna las bodegas en época de elaboración. Las levaduras, al consumir los azúcares y segregar el alcohol y el CO_2, aportan elementos suplementarios sutiles que recuerdan a mantequillas, o similares.

Un vino joven sólo tiene aromas primarios y secundarios.

AROMAS

Primarios	Vegetales, flores, frutas rojas y blancas: pétalos de rosa, cereza, frambuesas...
Secundarios (fermentación)	Lácteos, vinosidad, plátanos...
Terciarios (Crianza en madera = buqué)	Notas de vainilla, roble, cremosidad, tostados, especias...

LOS AROMAS TERCIARIOS

— Buqué de crianza: La crianza es la responsable del buqué del vino; aunque ésta puede ser diversa, un vino que no tiene crianza no tiene buqué. El buqué se forma durante la estancia del vino tanto en barricas como en depósitos o botellas en el caso de los cavas y los champagnes. La realidad de estos aromas son reacciones químicas que modifican los aromas de la uva (primarios) y de la fermentación (secundarios), a la vez que incorporan otros por diversos procesos como micro-oxidación, oxidación (madera) y reducción (botella).

Cuando se habla de un vino tinto o blanco que se ha criado en madera (barrica, tonel...) al referirse al buqué de crianza se habla sólo del tiempo que ha estado en la madera.

Este buqué se ve modificado, según se explicará más adelante, por el origen del roble, el estado sanitario de la madera y el tratamiento térmico (índice de tostado) de la madera.

Cuanto mayor es el nivel de los primarios, mayor ha de ser el buqué.

— Buqué de reducción: Se trata del «buqué de envejecimiento», que podría considerarse un cuarto grupo de las sustancias aromáticas. Son los aromas que el vino adquiere en la botella; en realidad es la exaltación y el cambio de muchos de los aromas que se han citado antes.

Pero, en el fenómeno de la reducción, muchos aromas cambian y se vuelven más melosos. Otros aparecen y son señal de buen envejecimiento, tales como: trufa, caza, animales, arrope, incienso, etcétera.

Entre olor y aromas existe una gran diferencia: se define como olor las sustancias extrañas que alteran la calidad de los vinos, y como aromas, todo el conjunto aromático que define las cualidades del vino.

LAS SUSTANCIAS DULCES

Son las que aportan al vino suavidad, amabilidad o, por el contrario, pastosidad.

Pertenecen a dos grupos: azúcar y alcohol:

— Azúcares: provienen de la uva, y durante la fermentación la mayor parte de éstos se transforma en alcohol, aunque siempre queda una cantidad mínima que se denomina azúcar residual. Los principales azúcares de la uva son la glucosa y la fructosa. Unos azúcares que siempre están presentes y que no desaparecen con la fermentación son la arabinosa y la xilona.

— Alcoholes: de aroma y sabor muy especial, constituyen el soporte de los aromas de los vinos. El alcohol más importante es el etanol (etílico); le siguen, pero a mucha distancia, otros alcoholes como el glicerol (glicerina), el butilenglicol y el inositol.

La glicerina contribuye a la suavidad, untuosidad y carnosidad de los vinos, pero un exceso puede convertir un vino en pastoso.

LAS SUSTANCIAS ÁCIDAS

Las más importantes son los ácidos principales del vino. Algunos proceden de la uva, como son el málico, el cítrico y el tartárico. Otros aparecen durante la fermentación, entre ellos el láctico, el acético y el succínico.

El ácido láctico se produce en la denominada «fermentación maloláctica», que es la conversión del málico (manzana verde sin madurar) en láctico (yogur). El ácido acético es el típico del vinagre.

Un vino es un punto intermedio entre un zumo y un vinagre, por tanto, todos los vinos tienen una cantidad de acético o vinagre, pero conviene que ésta sea la menor posible.

Los ácidos del vino favorecen la digestión y son muy importantes en el sabor de los vinos. Un vino con cierta acidez es siempre un vino nervioso, fresco y alegre. La acidez disminuye a medida que el vino envejece, ya que se producen determinadas reacciones químicas.

El tartárico forma sales de potasio y calcio y precipita. Cuando un vino es demasiado ácido, se califica como cortante, verde o verdoso, con aristas vegetales y que recuerda a la fruta sin madurar.

La sensación de acidez es típica de los vinos consumidos jóvenes, tanto blancos como rosados o tintos, y esta acidez hace que dichos vinos resulten agradables y frescos. Además, los ácidos favorecen los aromas afrutados.

Los vinos destinados a crianza necesitan una acidez relativamente alta, ya que de lo contrario sería negativo debido a que, con un pH bajo, los enzimas que favorecen la oxidación de los compuestos colorantes y tánicos, como los polifenoles, actúan con mayor dificultad.

TIPOS DE ACIDEZ DEL VINO

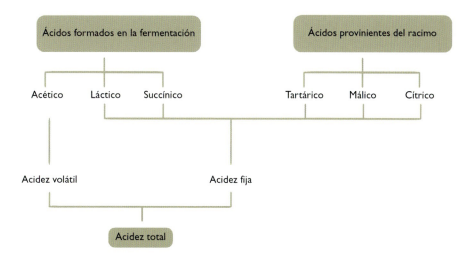

En realidad, el sabor de los ácidos se acentúa con la temperatura más baja; de ahí que los vinos blancos y rosados jóvenes se sirvan entre los 6 y 8 °C y los tintos criados a un máximo de 18 °C, que es la temperatura de evaporación del alcohol.

LAS SUSTANCIAS SALADAS

Son las responsables de la sensación salada y refrescante de los vinos. Se encuentran en pequeñas dosis de entre 2 y 4 g/l. Son sales de los iones fosfato, sulfato, cloruro, sulfito, tartatro, potasio, calcio, cobre, hierro, etcétera.

Otros oligoelementos que se encuentran en el vino son, por ejemplo, el flúor, el yodo, el bromo y el silicio.

LAS SUSTANCIAS AMARGAS

Son los denominados compuestos fenólicos o polifenoles, y, entre ellos, se encuentran los pigmentos colorantes y los taninos. En función de su contenido, un vino puede llegar a ser levemente amargo, lo que puede ser agradable, pero si es excesivamente amargo, se trata de un defecto.

Los taninos son los responsables de la sensación táctil de la astringencia; ésta, unida a una acidez alta, hace que un vino sea duro.

Otro de los productos que pueden dar la sensación de amargor es el alcohol, especialmente cuando su graduación es alta, puesto que sobresale y llega a predominar.

Los componentes del vino – 89

EL EQUILIBRIO EN LOS VINOS

INTENTO DE DEFINICIÓN GRÁFICA DE TÉRMINOS RELATIVOS AL EQUILIBRIO SEGÚN ANDRÉ VEDEL

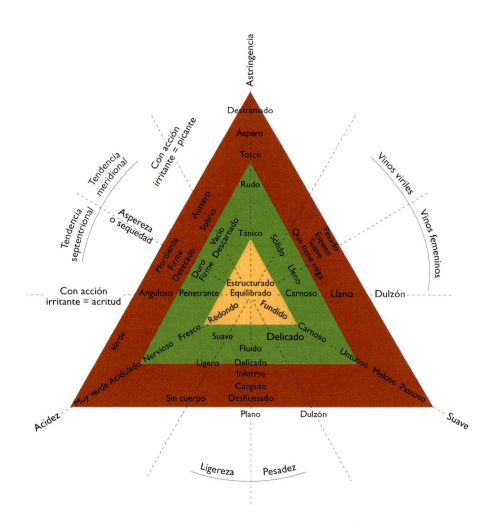

El vino constituye un mundo de equilibrios, y la suavidad del vino se basa en una armonía entre las sustancias de sabores dulces, ácidos, salados, amargos y, también umamis, definidos estos últimos como sabrosos.

Las sustancias dulces como alcoholes y azúcares se han de equilibrar con el resto de componentes. En el caso de vinos blancos y rosados, al escasear los polifenoles, son las sustancias ácidas las que toman protagonismo en el equilibrio; de ahí que estos vinos soporten mejor la acidez.

Cuando a un ácido se le añade azúcar, resulta más suave y menos ácido al paladar. Pero la acidez es la misma. Este tipo de interacciones se repiten en los vinos entre las diversas sustancias, como amargas, ácidas, dulces y saladas. Teniendo en cuenta esto, el valor gustativo está siempre relacionado con los equilibrios de estas sustancias o con su concentración.

El grado gustativo o la armonía de un vino dependen del equilibrio entre las sustancias responsables de los sabores dulces, ácidos y amargos.

Cuando domina uno de los elementos citados, o bien escasea, este equilibrio se rompe. Por tanto, en un vino con una acidez baja sobresale más el alcohol que en otros vinos más alcohólicos pero equilibrados.

Un vino tinto tiene más sustancias amargas que un vino blanco, con lo cual soporta menos la acidez porque consigue el equilibrio con el alcohol, con el ácido y el amargo.

En los vinos blancos y rosados, la cantidad de polifenoles es mínima y es la acidez la que forma el equilibrio con el alcohol.

ESTRUCTURA

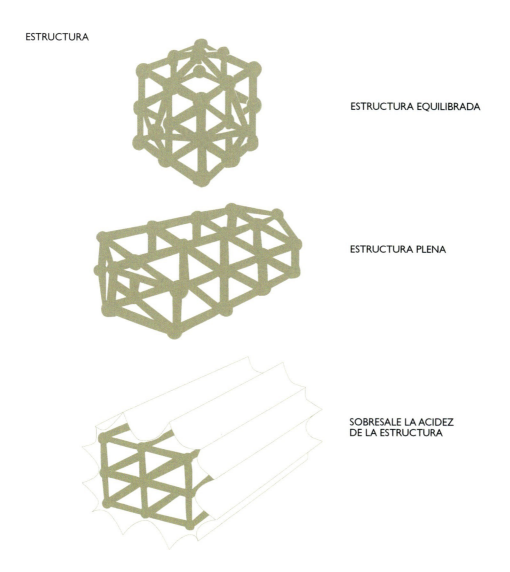

ESTRUCTURA EQUILIBRADA

ESTRUCTURA PLENA

SOBRESALE LA ACIDEZ DE LA ESTRUCTURA

La denominada estructura del vino es una sensación táctil, en ocasiones un poco difícil de definir. Es el armazón que soporta el conjunto del vino donde se forman dos pilares con las sustancias dulces y amargas, uniendo los espacios con las ácidas. Cuando falta alguna de estas sustancias o su cantidad es débil, este equilibrio se rompe y se define como un vino desequilibrado.

Un vino bien estructurado está equilibrado y, aunque no se hable de cuerpo, es armónico, es agradable de beber, incluso sedoso.

Se dice vino grueso, robusto o sólido cuando está bien construido, con buen extracto y donde sobresalen los ácidos que se definen como aristas que, unidos a la astringencia, conforman un vino duro.

Cuando en la cata no se percibe la acidez y su presencia se diluye, un vino resulta débil, con poco cuerpo, vacío, delgado o descarnado; esto también puede ocurrir en vinos muy ácidos que sólo tienen eso, acidez.

En resumen:
— Con polifenoles y taninos excesivos, los vinos son tánicos, recios, cargados y ásperos.
— Si los taninos son rugosos, se habla de vino basto.
— Si hay falta de taninos, el vino se define como delgado.
— Con poca cantidad de alcohol, los vinos se definen como débiles y ligeros.
— Cuando el vino es armonioso se define como agradable.
— Si sobresalen los sabores dulces (sobremaduración) sobre los demás, el vino se denomina plano.
— Cuando sobresale el alcohol, el vino puede ser cáustico, ardiente, y cabezón.

En zonas cálidas, como el Mediterráneo, la maduración de la uva no presenta problemas y los vinos suelen estar bien armados de alcohol y con buena cantidad de azúcares reductores; generalmente suelen ser vinos bien estructurados, aunque la acidez sea corregida.

EL EQUILIBRIO Y LA INTERFERENCIA ENTRE LOS SABORES

He aquí varios ejemplos para practicar estos equilibrios o interferencias:
— Los sabores dulces del azúcar siempre aumentan con la unión del alcohol (licores de frutas).
— Las sustancias amargas y ácidas siempre se refuerzan.
— Las sustancias amargas y dulces siempre se compensan (resfresco de tónica y café azucarado).
— Los sabores dulces y ácidos también siempre se compensan (zumo de limón con azúcar, fresas con nata azucarada, etcétera).
— El sabor dulce siempre enmascara la astringencia (Oporto Vintage).

— El alcohol siempre acentúa la astringencia, pero equilibra el amargor.

— La sal siempre refuerza los sabores dulces (pastelería).

— La sal o los sabores salados siempre refuerzan y aumentan un exceso de acidez, de amargor o de astringencia.

— El CO_2 (carbónico) siempre acentúa y aumenta la sensación de acidez y de astringencia (cava brut o brut nature), pero disminuye la sensación de los sabores dulces.

— Una sidra seca puede ser vegetal y mordiente por la acidez; en cambio, una pequeña proporción de azúcar neutraliza la acidez y el carbónico (CO_2).

— En una cerveza, bebida menos alcohólica y menos ácida que un vino, ocurre lo siguiente: la sensación y acidez que da el carbónico y el amargor del lúpulo se equilibran con el dulzor del alcohol.

— Como un zumo de uva o mosto es una bebida muy dulce, para que sea equilibrada y esté compensada necesita aumentar la acidez.

— En general, un vino blanco siempre tolera una acidez más alta que un vino tinto, ya que el sabor amargo en un vino blanco es nulo.

— Los blancos dulces aún toleran una acidez más elevada que los secos, ya que se produce el siguiente equilibrio:

DULCE = AZÚCAR + ALCOHOL

Cuanto más azúcar tiene un vino, más alcohol puede soportar, ya que el sabor dulce equilibra la vinosidad y la sensación ardorosa del alcohol.

El ejemplo más práctico de estos equilibrios se basa en pequeños conocimientos sobre la destilación de los vinos; aunque en la mayoría de los casos sólo se des-

EQUILIBRIOS BIPARTITOS DE LOS VINOS BLANCOS SECOS

Vinos secos
$Ac^+ Al^-$

Vinos secos
$Ac^+ Al^-$

ACIDEZ

ALCOHOL

$Ac^- Al^+$
Pequeños vinos

$Ac^- Al^+$
Vinos licorosos

EQUILIBRIOS TRIPARTITOS DE LOS VINOS BLANCOS SUAVES Y GENEROSOS

ACIDEZ

- Alcohol   + Acidez   - Azúcar

+ Azúcar   - Acidez   - Alcohol

AZÚCAR   ALCOHOL

tilan vinos blancos, este ejemplo es ideal para entender los equilibrios en los vinos tintos.

Cuando se destila un vino, la operación permite separar el contenido en dos fracciones: por un lado está el residuo de la destilación, que contiene las sustancias fijas, o sea, los ácidos y los taninos; y, por otro, el destilado se compone las sustancias volátiles del vino, o sea, el agua y el alcohol, las cuales se evaporan a temperaturas dife-

EQUILIBRIOS TRIPARTITOS QUE REGULAN EL SABOR DE LOS TINTOS

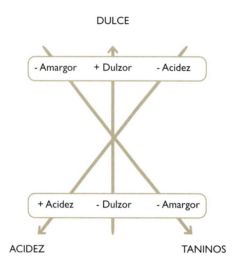

EQUILIBRIOS ENTRE EL GRADO ALCOHÓLICO, LA ACIDEZ Y EL TANINO EN LOS VINOS TINTOS

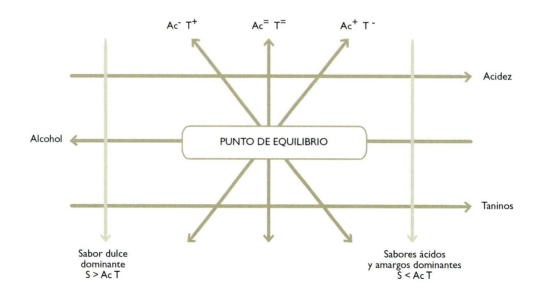

rentes. De esta forma, se consigue separar los sabores ácidos, amargos y astringentes de los dulces.

Si un vino tinto es agradable, significa que existe un buen equilibrio entre acidez, amargor y alcohol.

Ejemplos en vinos tintos

— Un vino tinto joven soporta mejor la acidez porque tiene menos tanino.

— Un vino de guarda, tánico, en general deberá tener una acidez muy equilibrada respecto al nivel de tanino.

— Cuando un vino tinto es muy tánico y a la vez ácido (climas fríos), es un vino duro y astringente, incluso rasposo o secante.

— Los vinos en general soportan una acidez alta cuantas más sustancias grasas (alcohol, barrica, etcétera) tienen.

— Ha de tenerse en cuenta que los sabores ácidos, amargos y astringentes siempre se suman en los vinos.

— Un vino tinto tánico ha de tener una graduación alcohólica elevada y una acidez equilibrada.

LOS EQUILIBRIOS AROMÁTICOS

En el vino, la relación de equilibrio entre los aromas es un tanto compleja, pero a la vez puede resultar fácil de entender si se utilizan los ejemplos domésticos y cotidianos.

— Los aromas de una misma familia se suman y refuerzan por la sinergia. En cambio, otros aromas se enmascaran o se anulan en pro de otros. Las sensaciones olfato-gustativas de los aromas deben estar presentes siempre en el vino, ya que intervienen en la sapidez y en el cuerpo, aunque en ocasiones puede ocurrir lo contrario: en muchos vinos, el exceso de tanino anula la sensación de afrutado.

En definitiva, los vinos han de ser equilibrados y buenos desde su nacimiento hasta su muerte y deben contar siempre con un buen equilibrio entre los aromas primarios (flores o frutas), secundarios (en algunas ocasiones queso o lácteos) y del buqué adquirido en la crianza en madera (vainillas, especias, etcétera) así como de los adquiridos en su evolución en botella (cuero, arrope, madurez...).

— La madera nunca ha de ser la dominante en un vino de crianza. Hay que recordar que un vino no se hace bueno en la botella, sólo puede mejorar la calidad de origen, y que hay vinos que necesitan dormir un tiempo con el fin de que encajen todos sus componentes y sustancias y creen un conjunto armónico.

LA CATA: TIPOS Y TÉCNICAS

DEFINICIÓN DE CATA

Para Jean Ribéreau-Gayon y Émile Peynaud (antiguos profesores del Instituto de Enología de la Universidad de Burdeos, considerados padres de la enología moderna), «catar consiste en probar con atención un producto cuya calidad queremos apreciar. Se trata de someterlo a nuestros sentidos (gusto y olfato) y conocerlo buscando sus diferentes defectos y cualidades con el fin de expresarlos. La cata es estudiar, analizar, describir, definir, juzgar y clasificar».

No obstante, una definición más actual y cercana al enólogo sería la siguiente: la cata extrae la información del vino, permite conocerlo mejor para elaborarlo, conservarlo, controlarlo adecuadamente y para apreciarlo mejor.

Una forma más poética consistiría en decir que catar es leer el vino deletreando las sílabas o, incluso, que la cata bucea en la intimidad del vino.

Del mismo modo que hay una diferencia entre oír y escuchar, también habría que diferenciar entre beber y catar. Para catar hace falta concentración y preparación.

A través del análisis físico-químico de los principales componentes, pueden encontrarse vinos que son iguales o muy similares en cuanto a la concentración de los mismos componentes, pero a la vez completamente distintos en cuanto a sus cualidades organolépticas, ya que el gusto y olor de sus componentes interfieren entre sí, se superponen o se compenetran y, por eso, el vino es uno de los productos más variados consumidos por el hombre.

Uva, tierra, clima y la mano del hombre son los factores tanto internos como externos que influyen en las características organolépticas de los vinos. Esto ha motivado la amplia gama de vinos diferentes que existen en el mundo, así como que haya dos tipos muy diferentes en la actualidad: por un lado los vinos con sabores estándar o mundializados (mismos sabores en diferentes países) y, por otro, los vinos con las características de un país, una región, una zona o un terruño concreto; en definitiva, los vinos con Denominación de Origen o que corresponden a una zona, tierra o autor.

En el vino se han identificado más de 600 sustancias que tienen un olor y sabor propios, y las características del conjunto, con sus cualidades y defectos, dependen en gran medida de esta compleja composición.

El análisis físico-químico puede determinar el contenido de cada una de las sustancias, pero siempre tienen que ser los sentidos quienes comprueben sus características y, por tanto, la calidad y particularidad de un vino. La cata es el análisis que se realiza a través de los sentidos, y para valorar con seriedad es imprescindible conocer las técnicas de cata y ser riguroso, serio y profesional, ya que detrás de una botella de vino existe mucho trabajo previo, ilusiones, inversiones y, en muchas ocasiones, del resultado depende el empleo de muchas familias.

De ahí que no baste con la realización de análisis físico-químicos fríos que descifren las cualidades de un vino a través del instrumental de un laboratorio, sino que es preciso que el ser humano, a través de sus sentidos, los descubra, los descifre y los exprese, ya que el vino se hace para consumirlo y apreciarlo.

Siguiendo con las definiciones del profesor Peyneaud en su libro *El gusto del vino*, «hay una gran diferencia entre catar y beber; los buenos vinos, los grandes vinos, no son esas bebidas que simplemente se tragan. Hay que saborearlos; no se beben a grandes tragos como se hace con una bebida refrescante, buscando sólo la sensación táctil del líquido que refresca agradablemente la garganta. Lo que nos aficiona al vino no es tampoco la suave causticidad que acompaña a la ingesta de una bebida alcohólica» porque, como se dice al principio, de las más de 600 sustancias el alcohol sólo es una de ellas.

La diferencia entre catar y beber es la misma que existe entre un turista y un viajero. El viajero se enriquece observando desde el paisaje hasta las gentes y sus costumbres. El turista, en muchas ocasiones, pasa por países o lugares sin apenas conocer nada de ellos.

Continúa diciendo el profesor Peyneaud: «La cata es la base fundamental de los oficios del vino, es el eslabón que une entre sí cada una de las actividades profesionales que van desde el cultivo de la vid hasta el servicio en la mesa».

Para un profesional es una herramienta de trabajo. Para un aficionado (amateur), la cata ante todo ha de ser un momento de placer.

El catador profesional realiza el análisis sensorial siguiendo una metodología y una técnicas que permiten percibir, identificar y apreciar mediante los sentidos un número de propiedades denominadas organolépticas en los alimentos; en cambio, el aficionado tiene que partir de los mismos principios, pero en evolución, empezando por utilizar las técnicas más comunes y de ejemplos domésticos con el fin de trasladar unas impresiones subjetivas al plano de lo objetivo.

Ver, oler (respirar) y degustar (saborear) son actos innatos en el ser humano, por tanto, no se aprenden.

El catador no nace, se hace, y la mayoría de personas, a través del estudio de una serie de técnicas, pueden llegar a ser buenos catadores, aunque sólo sea a nivel doméstico. Otra cosa es la capacidad de cada cual, que varía en función de la sensibilidad, la edad, las costumbres, etcétera. De hecho, sin darse cuenta, cada vez que uno ingiere una bebida o alimento varía, está realizando un análisis sensorial, ya que los alimentos se compran por su aspecto visual, y el olfato ayuda a tomar las decisiones.

Los instrumentos que utiliza el catador son sus órganos sensoriales de la vista, el olfato y el gusto. Éstos envían las percepciones al cerebro y, con lo aprendido a través de la práctica y su memoria, se emiten unos resultados.

MECANISMOS DE NUESTROS SENTIDOS

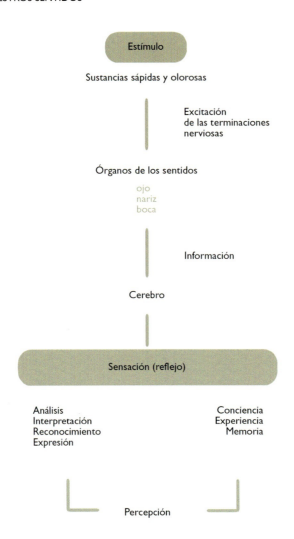

Para llevar a cabo una cata objetiva se precisan unas condiciones del local o lugar especiales, tales como una buena luminosidad y ausencia total de olores que puedan interferir. El catador, por su parte, no debe estar acatarrado, ha de estar descansado, ha de contar con buena formación y memorizar lo mayor posible sobre colores, aromas y sabores. La atención y concentración son básicas para la memorización y expresión de las sensaciones percibidas. Además, la cata necesita de un vocabulario que permita la expresión de las sensaciones que se perciben, utilizando siempre los mismos términos. Éste es uno de los talones de Aquiles de las personas que se enfrentan a la cata de un vino: la confusión en las expresiones.

OBJETIVOS DE LA CATA

Mediante la cata se aprende a detectar e identificar las sensaciones percibidas y a expresarlas, se adquiere independencia y se alcanza la autonomía suficiente para que los ejercicios resulten fáciles.

Para ello, es muy importante la educación en la percepción de las sensaciones; de hecho, sólo es posible identificar lo que se conoce o se ha memorizado. Los sentidos se educan con el fin de tener curiosidad sensorial, que es la base de la cata.

Resulta muy importante la memorización y el reconocimiento de las sensaciones que se perciben, por tanto es recomendable estar concentrados y, a través de la memorización, ser ágiles en el reconocimiento.

La cata es la lectura de un vino; en ocasiones se dice que los vinos hablan y que simplemente hay que saber escucharlos. Hay vinos que pasan desapercibidos, pero en cambio otros se quedan grabados en la memoria de quien los prueba.

Para la expresión de las sensaciones, la cata tiene un vocabulario que permite una comunicación real entre todos y en los mismos términos; sólo hace falta ser riguroso y no inventarse términos para hacerse el interesante.

En la cata hay que ser curioso y mantener los sentidos entrenados, o sea, hacer gimnasia de cata (catar vinos), como quien hace footing a diario.

Es muy importante memorizar y comparar con experiencias anteriores, de otros vinos, de otros países... Sobre todo hay que estar seguro de lo que se expresa de un vino, y para eso lo mejor es utilizar siempre el vocabulario concreto de cata, aunque a veces uno se permita la utilización de sinónimos, los cuales bien aplicados enriquecen la cata.

La fiabilidad de la cata depende de la experiencia del catador, de su grado de subjetividad y de sus hábitos y costumbres. A veces hay expertos catadores en vinos concretos como Rioja o Burdeos, que expresan poca fiabilidad cuando se enfrentan a vinos de Ribera del Duero, Penedés o Borgoña.

También influyen las apariencias, unas asociadas a la calidad y otras no, pero esto va en función de en qué época hablamos; hubo un tiempo en que vejez era sinónimo de calidad, pero hoy una botella polvorienta o enmohecida puede ser rechazada. Sea como fuere, existen grandes vinos (pocos y muy concretos) en este tipo de botellas.

Las modas en los estilos de vinos son pues otro factor que se debe considerar, ya que antes se valoraba en un vino la vejez y el dominio de la madera, incluso la temperatura. Hoy se busca más la fruta y su equilibrio, así como maderas nuevas y limpias, y no suele molestar poner un vino en una cubitera *(véase Maridajes)*.

Hemos de tener en cuenta que el tipo y la forma de la copa puede condicionar la percepción y calificación de un vino.

EN LA CATA PROFESIONAL

Un catador deberá de ser individualista en sus percepciones. Deberá ser un profesional formado, con un estado fisiológico normal y, durante la cata, no comer nada, no tragar el vino, no usar perfumes, no hablar, abstraerse de las preferencias personales, estar descansado, relajado y concentrado. Catar un máximo de unas doce muestras y descansar, volver a la primera copa, ya que siempre resulta la más perjudicada, y catar a la temperatura adecuada según el tipo de vino.

La utilización de copas adecuadas es de suma importancia. La copa que cumple las normas AFNOR en realidad vale para catar vinos jóvenes, y a falta de otra, buena es, pero la experiencia demuestra que los vinos con crianza necesitan de una mayor aireación, incluso cuando los vinos se trasvasan o decantan *(véase El vino y su servicio)* es necesaria una copa con más cuerpo, ya que en estas copas, vinos abiertos 1, 2 y 3 horas antes aún estaban cerrados y no se podía percibir todo su contenido.

Para catar blancos longevos fermentados o criados o no en barrica y tintos con crianza se necesita una copa con más cuerpo, donde el vino, en función del volumen, tenga más superficie de contacto y más masa de oxígeno *(véase El vino y su servicio)*.

LOS TIPOS DE CATA

LA CATA ANALÍTICA

Suele ser la cata del enólogo y del técnico y también, en ocasiones, de aficionados que siempre se empeñan en buscarle tres pies al gato y expresar de un vino sólo defectos o alguno de sus componentes en perjuicio de los otros.

En realidad, ésta es la cata profesional, exigente con la composición del vino, que contempla la influencia de la vinificación y de las modificaciones sufridas durante la transformación del mosto, sobre su contenido en las diversas sustancias como alcoholes, azúcares ácidos, ésteres, terpenos, polifenoles, polialcoholes, sales, carbónico, sulfuroso, etcétera. Los ejercicios se basan en el análisis de la influencia de ciertos aspectos, como el grado alcohólico, comparando muestras de un mismo vino llevándolo a modo de experimento a diferentes graduaciones, azúcares, etcétera, con el fin de conocer la presencia de los restos de estas sustancias de la vinificación con una comparación hecha antes y después de la fermentación. En realidad es una cata de laboratorio, donde se analiza tanto el acético como el nivel de polifenoles, el sulfuroso con el contenido de taninos, los compuestos neutralizantes, las sales minerales, otros alcoholes como los superiores...

LA CATA TEÓRICA

Es la que se hace prácticamente sin vino y se basa en estudiar los mecanismos de percepción, es decir, el funcionamiento de los sentidos y los umbrales de percepción, los componentes aromáticos, los equilibrios, etcétera.

En esta cata se realizan diversos ejercicios para determinar aromas, gustos o sabores fundamentales, astringencia, sensaciones táctiles, realizar ejercicios de equilibrio entre los sabores o con sustancias ácidas, dulces, saladas y amargas diluidas en agua, pruebas para reconocer aromas concretos como alcoholes, isoamilo (plátano), acetato de etilo (cola y vinagre), sabores concretos que marcan los herbáceos, el picado, el oxidado...

LA CATA APLICADA

Aquí se trata de describir seria y detalladamente en una hoja de cata las impresiones gustativas que se obtienen durante la degustación, con comentario y calificación de los vinos.

LA CATA HEDONISTA

Es, en ocasiones, la cata más bonita y vistosa, también la más urbana y la más de casa. Intenta centrar los objetivos y determinar y comunicar el placer o desagrado percibido por el catador al catar un vino.

EXAMEN: FASE VISUAL

COLOR

COLOR

DESCRIPCIÓN				SIGNIFICADO
	BLANCOS	ROSADOS	TINTOS	
COLOR	Incoloro Amarillo verdoso Amarillo limón Amarillo paja Amarillo dorado Amarillo oro Ámbar Piel de cebolla	Rosa violáceo Rosa franco Rosa fresa Rosa grosella Rosa salmón Salmón Piel de cebolla Naranja Marrón	Rubí Guinda Cereza Atintado violeta Atintado púrpura Atintado granate Granate Púrpura Piel de cebolla Teja	Juventud Vejez o mala conservación
ASPECTO	Cristalino Brillante Limpio Claro Opalescente Ligeramente turbio Turbio			Máxima limpieza y transparencia Sucio

Se describe a partir de la observación del vino. Los matices de un vino pueden ser muy numerosos, en función, por ejemplo, del tipo de variedad, la maceración, la acidez, el pH, la crianza o el envejecimiento. Con la evolución, un vino de color rojo púrpura intenso pasa a los colores más claros como albaricoque, ladrillo y piel de cebolla. En el caso de un vino blanco es al revés y, de un color amarillo verdoso, pasa a colores de amarillo concentrado como el ámbar, oro viejo, cobre y piel de cebolla.

El vino tinto, con la edad, evolución o mala conservación, se descolora, es decir, pierde color.

Un vino blanco, con la edad, evolución o mala conservación, se concentra en color.

Un vino tinto es tinto o rojo porque deja pasar las radiaciones rojas hacia nuestros ojos y porque absorbe las radiaciones del resto de los colores.

COLORES BASE DEL VINO TINTO

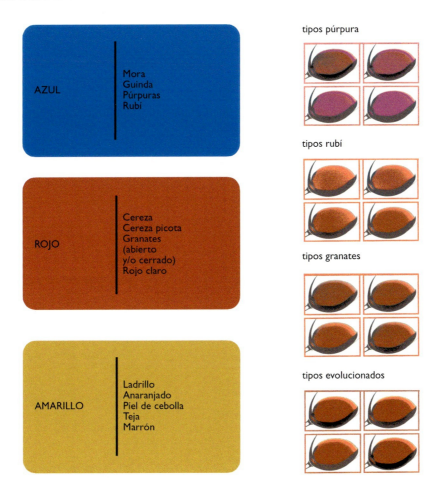

Todos los vinos tintos sueñan y mueren siendo vinos blancos.

El examen visual de un vino (apariencia externa), además del color, facilita una excelente información sobre fluidez, agilidad, capilaridad (lágrimas), presencia de CO_2, etcétera.

Un examen visual ayuda y prepara al catador para juzgar con los otros sentidos. También informa, en principio, sobre el cuerpo, la edad y el estado del vino.

Pero conviene ser cauto y no dejarse influir demasiado. Hay que valorar sólo lo que se ve, lo demás ya llegará.

- Un vino turbio a priori se juzgará mal en el examen gustativo

- Cuando un vino tiene un color intenso y profundo (una capa alta), lo más seguro es que sea un vino intenso, recio, rico en tanino y carnoso

- Cuando el color es débil, posiblemente pero no siempre, el vino podrá ser ligero, con poco cuerpo y corto en boca

- Estos términos y sensaciones no tienen nada que ver con el sabor final de un vino, ya que uno intenso puede ser áspero y desequilibrado y un vino de color débil puede ser agradable, armónico y tener buen buqué

COLORES BASE DEL VINO BLANCO

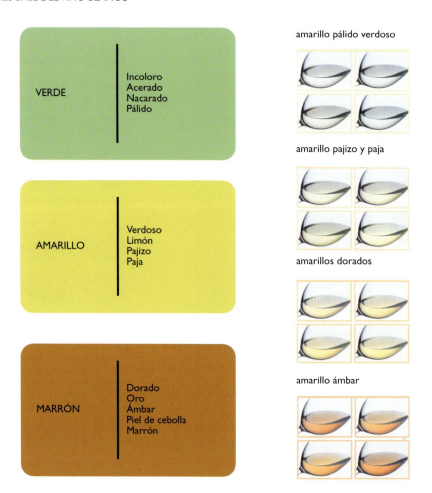

Todos los vinos blancos sueñan y mueren siendo vinos tintos.

Los matices (herradura en blancos y ribetes en tintos) indican el grado de evolución del vino, nunca la calidad, sino la edad del vino.

Cata de vinos – 104

> -Un vino tinto joven tiene unos tonos vivos que van del púrpura al rubí; estas coloraciones son formadas por los antocianos, que se encuentran en la piel de la uva, en función del tiempo de maceración y fermentación
>
> -Cuando este vino envejece, el color rojo se acentúa, los antocianos desaparecen, se combinan con otros componentes y el color del vino vira hacia tonos más claros, tales como granate abierto, anaranjado, ladrillo y teja, ya que los taninos se condensan y toman un color ocre y, en algunas ocasiones, precipitan

El color ha de ser siempre limpio y brillante; los colores mate y apagados esconden algún defecto. Pero un tinto intenso y violáceo puede ser un vino tánico, ácido y vegetal. Por el contrario, un vino tinto ocre amarillento suele estar oxidado (no picado) o ser producto de un envejecimiento prematuro por mala conservación o alta temperatura. Los colores ámbar, caoba y anaranjado son típicos e ideales en los vinos de postre.

LA PALETA DE COLORES

Ésta es una práctica sencilla que resulta muy útil para observar la evolución de los colores en un vino tinto. Han de seguirse los siguientes pasos:

1. Se ponen tres copas de vino tinto, siempre del mismo tipo o estilo, por ejemplo, un tinto de crianza de una zona concreta:
   — El primero del último año de cosecha
   — El segundo de dos años anteriores
   — El tercero que ya esté viejo

2. Delante de las copas, se pone una servilleta de papel que impregne bien. Acto seguido se moja el dedo con el vino de cada copa (de una en una) y se marca con el dedo mojado la servilleta y delante de cada copa.

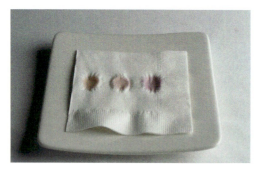

Se observará lo siguiente:

En el vino más joven, la nota de color azul (incluso violáceo) con rojo es más intensa. El segundo vino será de un rojo más abierto, de color granatoso y tonos claros, y el tercero, el más viejo, ya no tendrá nada de azul y será de color marrón, teja, amarillento.

Es una de las prácticas más claras para definir la evolución de los colores y, a la vez, es muy positivo hacerla con casi todos los vinos para determinar las intensidades, a excepción de los vinos elaborados con «maceración carbónica», que debido a su alto pH casi siempre se mantienen muy violeta.

INTENSIDAD, MATIZ, CAPA Y ESTADO

Se denomina capa alta cuando un vino tinto es muy intenso y oscuro y capa media y baja cuando la intensidad del color va menguando. Ahora bien, la intensidad alta o baja no define en ningún momento la edad del vino.

Existen vinos tintos muy intensos con unos ribetes (matices) anaranjados y teja; son vinos con una larga maceración pero ya con cierto tiempo.

Al contrario, hay vinos con un rojo cereza claro y con unos ribetes púrpura o violáceos y ser más jóvenes; esto depende del tipo de uva, maduración y tiempo y temperatura de maceración.

LIMPIDEZ, TRANSPARENCIA Y BRILLO

El brillo está relacionado con la acidez y con el pH del vino, la transparencia y la limpidez con la estabilización y filtrado; para definir estos conceptos se utilizan términos como los siguientes:

ESTADO DE LIMPIDEZ	ESTADO DE ENTURBIAMIENTO		
Brillante	Fangoso	Sospechoso	Polvoriento
Claro	Cenagoso	Mate	Sucio
Cristalino	Tosco	Nebuloso	Manchado
Cristalizado	Revuelto	Nuboso	Ensuciado
Fino	Quebrado	Oscuro	Apagado
Límpido	Cargado	Opalescente	Deslustrado
Luminoso	Borroso	Opalino	Turbio
Limpio	Lastescente	Opaco	Velado
Transparente	Lechoso	Plomizo	

Cuando un vino tiene partículas en suspensión, perturba las sensaciones gustativas por colmatación de las papilas.

Un vino siempre ha de ser limpio y brillante, y estos atributos, duraderos.

Pero atención, existe una gran diferencia entre la turbidez de la mala elaboración y los sedimentos (posos) naturales producidos por un largo envejecimiento en botella, o bien por vinos poco filtrados, muy típicos en la actualidad.

LA FLUIDEZ

Hay quien dice que la fluidez se define como las lágrimas e incluso piernas del vino.

Según Amerine Roesler se trata del «efecto Marangoni», cuya explicación correcta dio James Thomson en 1855, y la explicación es bien fácil: debido a que el alcohol es más volátil que el agua, en la superficie y en la parte superior de la copa mojada se forma una delgada capa de líquido más acuoso y, por tanto, de una tensión superficial más fuerte. El efecto de capilaridad hace subir el líquido a lo largo de la copa y

FLUIDEZ

VINO FLUIDO   VINO ESPESO

la elevación de la tensión superficial tiende a formar gotas; éstas al caer de forma constante, dibujan unos canalillos que, con ayuda de la imaginación, representan el llanto del vino.

Cuanto más elevada es la concentración de alcohol más abundantes son las lágrimas, siendo incoloras en la mayoría de los casos, excepto en algunos tintos jóvenes y de intenso color.

La presencia y lentitud o ligereza de las lágrimas depende de:

— Una tensión superficial creada entre el líquido y la pared de la copa (restos de detergentes, rugosidades del cristal, etcétera)

— De la untuosidad del vino producida por alcoholes, glicerol, azúcares...

Este fenómeno no debería confundirse con un vino con aspecto aceitoso, raro de encontrar en la actualidad, que está aquejado por la enfermedad de la grasa.

A este respecto también hay que tener en cuenta la influencia del gas carbónico; todos los vinos lo tienen en mayor o menor proporción, pero unos lo tienen libre (vinos espumosos y gasificados) y otros combinado (vinos tranquilos).

EXAMEN: FASE OLFATIVA

LA FISIOLOGÍA

La cantidad de moléculas aromáticas que se volatizan en un vino va en función de la temperatura y superficie de evaporación del mismo, de ahí la costumbre de utilizar una copa con un cuerpo más ancho que la boca.

Como ya se ha comentado, estas moléculas aromáticas (aromas) se perciben a través de dos vías: la nasal directa y la retronasal.

1. Para la vía nasal directa hace falta seguir los siguientes pasos:
— Oler la copa en reposo (parada y sin mover el contenido).
— Oler la copa después de agitar (remover) el vino, aumentando de esta forma la evaporación y la percepción.
— Oler la copa vacía con el fin de percibir los aromas que se desprenden de la película del vino al evaporarse.

2. La vía retronasal. Los ejercicios consisten en poner una proporción de vino en la boca e inspirar aire por ésta. Luego hay que espirar el aire por la nariz, manteniendo el vino en la boca. Al calentarse, el vino desprende los aromas que se encuentran en las moléculas más pesadas (menos volátiles) o grasas.

La sensibilidad del olfato es diez mil veces superior a la del gusto, además, el olfato es tanto un sentido de alerta como de placer.

En la fisiología del olfato, las fosas nasales se dividen en tres zonas:
— Las aletas de la nariz.
— La mucosa pituitaria, que es sensible a los olores picantes que son transportados por el nervio trigémino.
— Los cornetes o las láminas cartilaginosas, que dividen la cavidad nasal y tienen como misión filtrar y calentar el aire inspirado.

La zona olfativa se sitúa en el cornete medio y las neuronas componen su parte sensible. Existen unos quinientos millones de neuronas que convergen en el bulbo olfativo; este órgano tiene la particularidad de descifrar todos los mensajes que le llegan. Por tanto, para que una sustancia aromática disuelta en un líquido pueda ser percibida, ha de ser volátil y soluble en el mucus olfativo. Las sustancias aromáticas presentes en el vino pertenecen a diversas familias químicas, aunque no se conoce con exactitud la relación entre una estructura química y la sensación aromática.

El avance más importante para descifrar y conocer las moléculas aromáticas ha sido posible gracias a la cromatografía de gases, ya que a veces estas sustancias están presentes en concentraciones minúsculas. La medida olfativa se denomina «potencial olfativo», y es el número de moléculas-gramo por litro de aire que define el umbral.

En el cuadro siguiente se exponen los umbrales de diferentes sustancias y la familia a la que pertenecen.

CONCENTRACIÓN DE ALGUNAS SUSTANCIAS VOLÁTILES EN LOS VINOS (RANGO EN mg/l)	
Metanol	40-187
Propanol-1	11-45
Metil-2 propanol-1	45-126
Metil-2 butanol-1	30-110
Metil-3 butanol-1	75-330
Formiato de etilo	0,02-0,84
Acetato de metilo	0,01-0,10
Acetato de etilo	25-200
Propionato de etilo	0,08-7,5
Acetato de propilo	0-0,08
Metil-2 propionato de etilo	0,02-0,45
Butirato de etilo	0,10-1,00
Acetato de metil-2 propilo	0,01-0,40
Metil-2 butirato de etilo	0-0,08
Acetato de metil-3 butilo	0,04-3,10
Acetato de hexilo	0-0,10
Hexonoato de etilo	0,06-0,32

SUSTANCIAS VOLÁTILES Y SUS OLORES CORRESPONDIENTES	
Acetato de etilo	Vino picado
Acetato de isoamilo	Plátano, caramelo ácido
Acetato de feniletilo	Rosa de té
Ácido feniletílico	Miel
Acetoína	Almendra
Alcohol fenil-etílico	Rosa
Aldehído anísico	Espino
Aldehído benzoico	Almendra amarga
Aldehído cinámico	Canela
Aldehído feniletílico	Jacinto
Aldehído fenilpropiónico	Lilas
Benzaldehído ciandrina	Cereza
Caproato, caprilato	Ácidos grasos, jabón, vela de cera
Caproato de etilo	Ídem
Diacetilo	Avellana, mantequilla
Geraniol	Rosa
Glicirricina	Regaliz
Hexanodienol	Geranio
Hexanol, hexenal	Hierba
Iron	Iris
Linalol	Palo de rosa
Óxidos de linalol	Alcanfor
Paratolilmetiliceton	Heno cortado
Piperonal	Acacia, heliotropo
Undecalactona	Melocotón
Vanillal	Vainilla

UMBRALES DE SENSACIÓN OLFATIVA DE ALGUNAS SUSTANCIAS AROMÁTICAS (en mg/l)

ALCOHOLES*

Alcohol isoamílico	7,0
Alcohol isobutílico	75
Alcohol n-hexílico	6,2
Alcohol feniletílico	7,5

ÁCIDOS*

Ácido propiónico	29
Ácido butírico	4,0
Ácido isobutírico	8,1
Ácido isovalérico	0,7
Ácido caproico	8,8
Ácido caprílico	15
Ácido cáprico	8,0

ÉSTERES*

Acetato de etilo	17
Acetato de isoamilo	0,2
Acetato fenil-etilo	0,65
Lactato de etilo	14

TERPENOS**

Geraniol	0,13
Linalol	0,1
Óxidos de linalol	3 a 6
Nerol	0,4
Terpinol	0,46

*En solución hidroalcohólica (9°)
**En solución acuosa azucarada (90 g de sacarosa/l)

Alcoholes	Aldehídos	Ácidos grasos	Ésteres	Compuestos diversos
Metanol	Etanal	Ácido fórmico	Formiato de etilo	Geraniol
Etanol	(Acetal)	- acético	Acetato de metilo	α-terpineol
Propanol 1	Propanal	- propiónico	- de etilo	Limonero
Propanol 2	Metil 2-propanal	- butírico	- de isopropilo	Linalol
Metil 2-propanol 1	Butanal	- n-valeriánico	- de n-butilo	Nerol
Butanol 1	Metil 2-butanal	- caproico	- de isobutilo	β-ionona
Butanol 2	Metil 2-butanal	- enánitico	- de n-amilo	β-ionona
Metil 3-butanol 1	Hexanal	- caprílico	- de isoamilo	Citronela
Metil 2-butanol 1	Heptanal	- láurico	- de n-hexilo	Citral
Pentanol 1	Octonal	- mirístico	- de n-heptilo	Farnesol
Pentanol 2	Nonanal		- de fenil-etilo	Furfural
Hexanol 1	Decanal		Propionato de etilo	Vainilina
Hexanol 2	Dodecanal		- de n-propilo	Aldehído cinámico
Heptanol 1			- de n-isobutilo	Aldehído benzoico
Heptanol 2	Cetonas		- de n-isoamilo	Antranilato de metilo
Octanol 1			Butirato de etilo	Benzoato de etilo
Octanol 2	Acetona		- de isopropilo	Cinamato de etilo
Nonanol 1	Butanona 2		- de isoamilo	Salicilato de etilo
Nonanol 2	Pentanona 2		Valerianato de etilo	Lactato de etilo
Decanol 1	Hexanona 2		Isovalerianato de etilo	Succionato de etilo
Decanol 2	Heptanona 2		Caproato de etilo	Tirosol
Undecanol 1	Nonanona 2		- de isobutilo	Triptofol
Undecanol 2	Acetona		- de isoamilo	m-cresol
Fenil 2-etanol			Pelargonato de etilo	Etil-4 fenol
			Caprato de etilo	Vinil-4 fenol
			- de isoamilo	Etil-4 guayacol
			Undecanato de etilo	
			- de isoamilo	
			Miristato de etilo	

AROMA

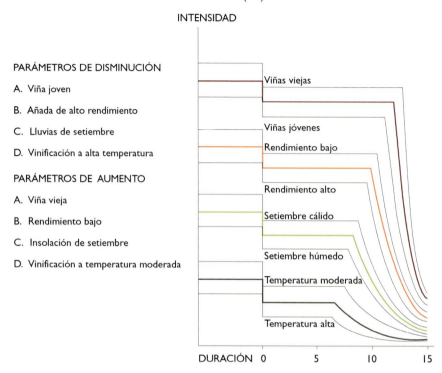

VARIACIÓN DE LA PERSISTENCIA AROMÁTICA INTENSA (PAI)

Según Vedel, todo catador o aficionado que se enfrenta a una copa de vino expresará tantos aromas como registros aromáticos tenga memorizados y registrados, y manifestará analogías haciendo referencia a su origen y buscando en todas las familias posibles de aromas, tanto florales como frutales en diferentes estados (secos, maduros, pasificados…). Pero cuando hay sobrecarga o cansancio aromático, interviene la confusión entre los diferentes tipos y familias de aromas. Para combatir esto, el catador o aficionado debe aumentar paulatinamente el número de referencias aromáticas posibles de memorizar. De ahí se dice que «hay que meter la nariz en todo lo que podamos»: armarios, floreros, perfumes, cocinas, mercados, colecciones de especies, herboristerías y un largo etcétera para tener el mayor número de referencias aromáticas registradas.

EXPRESIONES Y TÉRMINOS SOBRE LAS CUALIDADES DEL VINO

Entre los más importantes se sitúan los siguientes: vino fino, floral, intenso, armónico, afrutado (con calidad en los aromas), con carácter, raza, tipicidad (variedad, terruño o lugar), franco, etcétera.

También hay toda una serie de defectos, tanto originados por el estado de la uva como por su elaboración, crianza o conservación.
— Comunes: alterado, vegetal, débil, sucio, defectuoso, herbáceo, etcétera.
— Estado del vino: apagado, amargo (almendra), oxidado, rancio, maderizado, reducción sucia a sulfuroso, sulfhídrico, huevos podridos, perro mojado, fétido, metálico, corrompido...
— Elaboración y tapón: moho, cloaca, cartón mojado, fenol, yodo, resinoso, alquitrán, gasolinera, creosota, insecticida, etcétera.

DIVISIÓN DE LOS AROMAS SEGÚN MAX LÉGLISE

Familia floral
Los aromas a flores blancas y amarillas van siempre en vinos blancos y los de flores rojas en vinos tintos.
— Rosa: moscatel
— Violeta: beaujolais, algunos Borgoñas, etcétera

Frutas frescas
Los aromas a frutas blancas y amarillas van en los vinos blancos y los de frutas rojas en los vinos tintos.
— Manzana verde y ácido málico en vinos blancos
— Limón y limas (floral) en vinos blancos
— Pomelo en blancos ácidos y herbáceos (suele desaparecer en botella)
— Albaricoque en vinos blancos grandes y con clase
— Plátano en blancos jóvenes y también en tintos de maceración carbónica
— Frambuesa en vinos tintos (aroma, suma de violeta y grosella)
— Grosella negra (casis), es típico de la uva Pinot Noir
— Granadina y zarzamora (suma de vainilla, grosella y frambuesa)
— Fresa en tintos maduros en botella
— Cereza, noble aroma de tintos
— Melocotón en vinos de calidad

Frutos secos
Estos aromas van aumentando en el vino durante su evolución en botella.
— Ciruela pasa
— Higo seco
— Cereza (confitura)
— Melocotón (confitura)

— Avellana, cierta oxidación o autorreducción
— Almendra tostada, normal en un Chardonnay con años

Hierbas

Se encuentran tanto en blancos como en tintos y, aunque muchas veces hacen referencia a defectos, otras pueden ser virtudes.
— Hoja de grosella, típico en blancos de Sauvignon Blanc
— Heno cortado en blancos (ácido cinámico y cumarina)
— Menta (fresca) tanto en blancos como en tintos, generalmente de calidad
— Pino, en general en tintos nobles
— Tabaco (hoja), a menudo en tintos ricos y complejos
— Helecho en blancos aromáticos
— Roble (madera) en tintos y blancos de calidad, según nivel

Torrefacción

Estos aromas están ligados a vinos ricos en alcohol, vinos de crianza oxidativa y vinos tanto blancos como tintos criados en barricas que han sido muy tostadas.
— Caramelo en vinos olorosos y destilados
— Pan tostado (con miel o mermelada), se dice típico del Semillón de Chile, pero también tiene su origen en los robles tostados
— Café en algunos vinos tintos viejos
— Cacao en vinos con largo envejecimiento en madera
— Creosota (traviesa de vía) en Pinot Noir muy maduro y maderas con exceso de tostado

Confitería

Aromas típicos tanto de maderas como de botellas.
— Vainilla en envejecimiento en maderas nobles
— Regaliz en tintos y licorosos; suele ser de calidad
— Anís de algunas uvas, típico de destilados

Especias

Vinos ricos y complejos.
— Laurel
— Tomillo
— Pimienta
— Clavo
— Nuez moscada
— Canela
— Trufa (no es especia aunque se pone en este grupo)

Animales

Aromas típicos de larga vejez:
— Almizcle en tintos nobles y también en algunos blancos
— Cuero, denota larga crianza, reductor

Alimentos orgánicos:
— Miel en licorosos
— Cerveza en blancos suizos
— Sidra cuando hay oxidación
— Lácticos

Específicos del vino:
Son alcoholes y derivados propios del vino que confieren aromas herbáceos.
— Heptanol
— Heptanal (heptaldehído)
— Ácido heptanoico
— Heptanoato (enantato) de etilo

RUEDA DE LOS AROMAS DEL VINO SEGÚN A. NOBLE

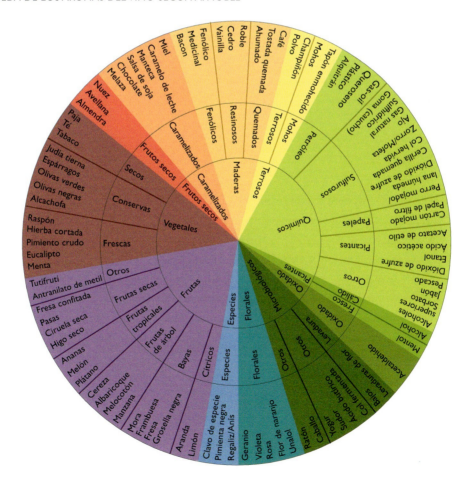

AROMA VERSUS BUQUÉ

LOS AROMAS PRIMARIOS. LA UVA

Se define como aroma toda sensación aromática que procede de la variedad de la uva.

Un vino joven puede ser muy intenso en aromas, incluso perfumado, pero eso no constituye buqué, sino el aroma. Los vinos sin crianza no tienen buqué.

Relación de los principales aromas primarios en función de la uva:
— Sauvignon Blanc: salvaje, hoja grosellero y boj
— Cabernet Sauvignon: pirazina (recuerdos a pimientos), pimienta, mora y trufa
— Pinot Noir: grosellas negras y frambuesas
— Chardonnay: avellana, plátano y melocotón
— Riesling Renana: retama, flor de melocotón y de almendro y leve recuerdo a petróleo
— Moscatel: terpenos como nerol, geraniol, rosa, azahar, linalol, alcanfor, limonero, cítrico y citronelo
— Sirah: especias, tinta y grosellas
— Garnacha: ciruelas rojas
— Verdejo: hinojo y almendra.

LOS AROMAS SECUNDARIOS. LA FERMENTACIÓN

Son aromas vínicos que proceden de la fermentación alcohólica y maloláctica, y su concentración viene determinada por tres factores:
— Uva: cuanta más concentración de azúcar más aromas secundarios
— Levaduras: revelan los aromas. En la actualidad existen cepas de levaduras muy aromáticas o enriquecidas con aromas concretos
— Fermentación: condiciones de la misma en función del desfangado de los mostos, la temperatura, el tiempo, la aireación, etcétera

LOS AROMAS TERCIARIOS. EL BUQUÉ

Son buqués todos los aromas adquiridos durante la crianza y el envejecimiento.
Aunque siempre se habla de dos (oxidación y reducción), si se cuentan los vinos especialmente sometidos a crianza oxidativa como Jerez y Madeira, estos vinos experimentan un envejecimiento en contacto con el aire (crianza oxidativa) y se caracte-

rizan por la presencia de sustancias aromáticas aldehídicas como manzana, nuez, avellana, membrillo y notas rancias nobles. Son aromas totalmente estables al aire, por tanto, en realidad los buqués son tres:

— El de los vinos rancios, ya descrito.

— El buqué de crianza (micro-oxidación), que es el que adquiere el vino durante su estancia en la barrica (u otra pieza) de madera, donde el vino va respirando a través de sus poros a la vez que los secundarios se hidrolizan con el tiempo en el vino.

El vino, durante ese tiempo, se enriquece con los componentes del roble y con el aumento de los mismos. Según su tratamiento térmico (índice de tostado de las barricas) se produce el efecto *redoux*, el color se estabiliza, el vino aguanta más carga tánica, se polimerizan los taninos y se liman las asperezas.

Además, todos estos aromas del roble y su tostado (vainilla, cuero, café, toffee, clavo, coco...) no deben anular los otros componentes aromáticos, o sea, los varietales o primarios, por lo que ha de existir un equilibrio aromático en el vino.

— Finalmente, el buqué de reducción, que se desarrolla durante la estancia o el envejecimiento del vino en la botella, al abrigo del aire.

Existen vinos donde sólo se analiza el buqué-crianza de reducción, ya que toda su estancia se produce en la botella; tal es el caso del cava, el champagne, el oporto, el Vintage y otros.

En un principio se define como el típico olor a cerrado (habitación o armario), pero en esto también incide la calidad, ya que estos aromas pueden ser sucios y grasos o bien limpios y complejos. Un buqué de reducción exagerado puede ser desagradable y el vino huele a botella, luz, cerrado o sol. La primera impresión es la falta de nitidez con un ligero olor desagradable, que a veces puede recordar al sudor. Los responsables son los derivados que contienen azufre reducido como el etilmercaptano, que forma parte de los denominados grupos tioles y existen en todo buqué de reducción.

El olor un tanto desagradable a cerrado o reducción es percibido a partir de algunas fracciones de miligramo por litro de los derivados tioles volátiles.

El buqué de oxidación sigue unas pautas contrarias a los de reducción. Generalmente, se destruye o elimina al airear el vino muy poco, haciendo una apertura anticipada de la botella, ya que la aireación real se da cuando se sirve el vino en la copa y se mueve, o bien cuando se practica un jarreado (trasvase) o decantación.

EXAMEN: FASE GUSTATIVA

LA FISIOLOGÍA DEL GUSTO

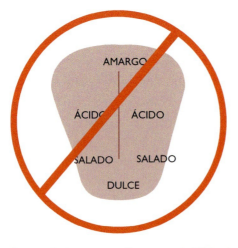

Esta taxativa imagen apareció en marzo de 2001 en la revista *Scientific American* para erradicar la concepción de la distribución de sabores en la lengua

DISTRIBUCIÓN EN LA LENGUA DE LOS DISTINTOS TIPOS DE PAPILAS Y DE LA PERCEPCIÓN DE LOS CUATRO SABORES ELEMENTALES

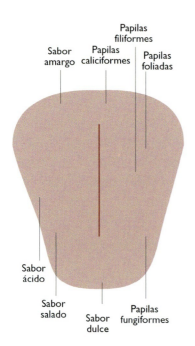

LO ANTIGUO DEL GUSTO

Hasta hace unos años, a finales del siglo XIX y mediados del XX, se decía que los órganos receptores gustativos estimulables por las sustancias sápidas estaban localizados sobre todo en las papilas de la lengua. Las células sensibles, agrupadas en yemas, se creían repartidas de forma muy irregular sobre su superficie, es decir, reunidas sobre todo en la punta de la lengua, y en sus bordes, y ausentes en toda la región central.

Sobre el mapa de sabores de la lengua, se decía que cada gusto se localizaba en una parte determinada de la misma:
— Dulces en la punta
— Ácidos y salados en los laterales
— Amargos en la parte posterior

Las papilas gustativas están distribuidas de la siguiente forma:
— Foliadas (con forma de hoja y presentes en los laterales posteriores de la lengua)
— Caliciformes (unas doce papilas en la parte posterior distribuidas en forma de V invertida)
— Fungiformes, encontrándose las más visibles en la parte frontal
— Filiformes o táctiles, son las papilas más numerosas y se distribuyen por toda la superficie de la lengua

Es normal leer esta descripción en numerosos tratados sobre cata y análisis sensorial, sobre todo si no han sido revisados.

También es verdad que se trata de lo que se ha enseñado durante decenas de años y forma parte de nuestra cultura del gusto, algo que los más veteranos difícilmente podrán cambiar con facilidad, pero que las generaciones más jóvenes y venideras podrán controlar de forma intuitiva.

LO ACTUAL DEL GUSTO

En estos últimos años se ha demostrado que la teoría anterior es totalmente errónea. La realidad es que todas las calidades (todos los sabores) del gusto se encuentran representadas en todas las regiones de la lengua en las que hay yemas gustativas.

DISTRIBUCIÓN EN LA LENGUA
DE LOS DISTINTOS SABORES FUNDAMENTALES

Esta información, constrastada y experimentada, apareció en el mes de marzo de 2001 en la revista *Scientific American* y en la versión española de *Investigación y Ciencia*.

La transmisión de la señal

En el cerebro, las neuronas pueden responder a más de un tipo de señal gustativa, del mismo modo que las células nerviosas que procesan los estímulos visuales de la retina pueden reaccionar ante más de un color. Los resultados obtenidos en los últimos años están arrojando luz sobre uno de los sentidos más desconocidos pero comprendidos.

Es decir que, una vez descritos los sabores, a excepción de la fase táctil, que es más intensa en la parte central, en toda la lengua se detectan todos los sabores sin ninguna distinción.

Cada papila está equipada por centenares de yemas gustativas de forma ovoide que miden 80 por 30 micras y cada una de ellas reúne una decena de células gustativas, cuyos licios sobresalen en una pequeña depresión llena de mucus.

Para captar los sabores, disponemos de varios cientos de miles de células sensibles con una renovación tan rápida que se lleva a cabo cada cuatro días.

LAS SENSACIONES GUSTATIVAS EN LA BOCA

El gusto es la sensación global suma de las sensaciones de contacto y de las retroolfativas. Los aromas en la boca son percibidos por vía retronasal.

Las sensaciones de contacto son las que ahora, con los nuevos estudios, se sabe que se perciben en toda la lengua. Ante esto cada persona tiene unos umbrales diferentes en función de sus costumbres alimentarias, de forma que, si una persona está acostumbrada a una dieta más rica en sal, tendrá un umbral del sabor salado diferente de otra, y lo mismo ocurrirá con el amargo y el resto de sabores.

Las sensaciones táctiles siempre indican la textura del vino, es decir, su fluidez, untuosidad y rasposidad, y se producen al contactar el vino con los órganos bucales.

Las sensaciones térmicas indican la temperatura de todos los alimentos, en este caso del vino.

Las pseudotérmicas dependen del alcohol y suelen producir ardor, sensación de quemazón, etcétera.

Las sensaciones químicas provocan sensación de aspereza, rugosidad, sequedad..., en definitiva, de astringencia. Se producen por la coagulación de la mucina de la saliva o por el cese de las secreciones salivares. O bien por la fijación de los taninos a los tejidos de las mucosas, que provoca pérdida de permeabilidad.

Las partes con mayor nivel de astringencia en la uva se sitúan en el raspón, en las pepitas y, por último, en la piel.

El grosor de la molécula y su grado de condensación marca la astringencia de los taninos. Los taninos de grosor medio son los más astringentes.

La sensación real de salivación es producida por algunos ácidos; los principales son el tartárico y el cítrico. En cambio, el ácido gálico provoca una reacción contraria, es decir, sequedad.

La acidez es la responsable de la sensación de frescura del vino.

LAS SUSTANCIAS SÁPIDAS DEL VINO

Las sustancias sápidas son las que dan origen a los sabores: dulce, ácido, salado y amargo, aunque en este caso también se incorporarán la presencia de CO_2, la estructura y la vinosidad, que, si bien no son sabores, sí que están interrelacionados con ellos.

1) Dulces: Este sabor no siempre va asociado a la presencia de azúcares en según qué alimentos, pero en el vino sí que proceden de la uva y existen dos familias:
— Azúcares como glucosa, fructosa, arabinosa y xilosa
— Alcoholes que proceden de la fermentación: etanol (etílico), glicerol, sorbitol, butilenglicol e inositol

2) Ácidos: Como ya se ha dicho, los ácidos proceden de la uva.
— Málico: duro y verde
— Cítrico: fresco
— Tartárico: ácido incisivo

De la fermentación de los ácidos:
— Láctico: suave y agrio
— Acético: agrio de vinagre
— Succínico: salado-amargo

La acidez contribuye a proporcionar brillo a un vino y parte de su frescor; también influye en su longevidad del mismo.

Cuando a un vino le falta acidez, se dice que es blando, flojo y plano. Un vino puede ser fresco, vivaz o mordiente y verde por el ácido málico. Puede ser duro y salínico por el ácido tartárico. También puede ser, por ejemplo, delgado, nervioso, rudo o seco.

Para la acidez se utilizan términos como verdor, acerbo, acidulado, agresivo, punzante, cortante, mordiente, anguloso, etcétera.

Cuando la acidez volátil (acético) se empieza a marcar en vinos de unos 12º o menos, el vino se altera y se considera avinagrado, picado y agrio acético.

Si son vinos ricos en alcohol, más de 13º, los aromas acéticos recuerdan pegamento, cola, acetona, laca de uñas...

3) Salado: El vino contiene sustancias de sabor salado, que son ácidos minerales y ácidos orgánicos. Estas sustancias siempre aportan frescor a los vinos, como es el caso del bitartrato de potasio, de sabor ácido-salado.

4) Amargo: Los responsables de estas sustancias y sus sabores son la familia de los polifenoles o compuestos fenólicos. Las sensaciones que dan al vino son amargas y astringentes, y pueden verse aumentadas por la presencia elevada de ácidos.

DESCRIPCIÓN		SIGNIFICADO
Tiempos		
Ataque	Suave, punzante agresivo	
Paso en boca	Ligero	Vinos con poco cuerpo y poca estructura
	Amplio	Vinos estructurados con abundancia de matices
Posgusto	Corto	
	Largo	
Retronasal	Fase olfativa, donde vuelven a salir los aromas	

El amargor procede de los ácidos fenólicos (ácido fenol) y, principalmente, de los taninos condensados que se constituyen a partir de los denominados leucoantocianos y que se encuentran en el escobajo, las pepitas y los hollejos de las uvas.

Los sabores amargo y astringente estan asociados en la mayoría de los casos y hacen referencia a quinina, cafeína, achicoria, amargo de alcachofa y quina.

Un vino astringente es un vino tánico, pero puede ser de un tanino frutal y maduro, o bien saber a raspón o escobajo.

Cuando hay buenos taninos un vino se define como sólido, estructurado, con esqueleto, sostenido, etcétera.

Si el vino es demasiado tánico, se describe, por ejemplo, como duro, áspero, severo, tosco y rudo.

5) El gas carbónico: Se encuentra en los vinos de aguja, gaseosos, efervescentes, gasificados o espumosos de calidad natural.

El carbónico produce tres sensaciones principales:
— Sensación acídula
— Sensación de picor
— Exaltación de los aromas

6) La estructura: En este caso hay que acudir a la cata por imágenes, ya que un vino puede ser cuadrado, redondo, etcétera. Algunas expresiones usuales son las siguientes:
— Dimensión: tamaño y volumen
— Constitución-cuerpo: delgado y vacío
— Equilibrio: redondo, armonioso y descarnado
— Impresiones de picante, cortante, rugoso, áspero o fluido, amable, cremoso

LA VINOSIDAD

Es una sensación relacionada directamente con el alcohol; un vino podrá ser cálido o cáustico por este motivo.

Tiene tanta importancia el grado de alcohol como la temperatura de cata o degustación.

La vinosidad nunca significa cuerpo en un vino y se nota a partir de los 12,5º 13º, según el tipo de vino y la acidez.

Los términos de vinosidad son: cabezón, alcohólico, ardiente, cálido, amable, robusto, vigoroso... Y en contraposición: débil, ligero, pobre...

LA PERMANENCIA GUSTATIVA

Suele decirse que un vino es largo en boca o que tiene un posgusto largo y marcado, bien por fruta, madera, etcétera.

Las apreciaciones más domésticas y, a veces, más prácticas son: baja, media, media-alta y alta.

FASES DEL VINO EN LA BOCA (EVOLUCIÓN DE LAS SENSACIONES)

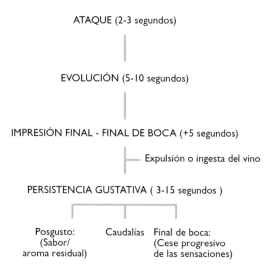

Como se desprende del cuadro anterior, se trata de una técnica real de mediación por segundos y se denomina en el argot profesional caudalía. Una caudalía equivale a un segundo de riego gustativo en boca después de haber expulsado o ingerido el vino.

El resultado depende de varios factores ligados a la uva y a su edad, a la producción por cepa, al clima durante la maduración y la vendimia y a la temperatura de fermentación.

DEFECTOS DEL VINO Y SU ORIGEN

-**Uvas verdosas:** Se trata de uvas con una vendimia anticipada, o bien de climas donde éstas no maduran. Se caracterizan por un exceso de acidez (ácido málico) o vinos de poco grado, muy ácidos, verdes y acerbos al paladar.

-**Uvas con exceso de maduración:** Todo lo contrario al caso anterior estas uvas se vendimian después de la maduración normal o producen vinos muy ricos en azúcares pero faltos de brillo y acidez, dulzones y sosos.

-**Uvas averiadas:** Estas uvas suelen ser atacadas por golpes fuertes de sol o por vientos cálidos o muy secos en el período de la madurez. Esto impide que las uvas sigan madurando y la consecuencia es que son vendimiadas en mal estado. De estas uvas no se suele hacer vino.

-**Uvas atacadas por mildiu:** Nunca tienen una maduración completa, ya que la alteración sufrida en sus hojas, atacadas por el hongo parasitario *plasmopara viticola*, también llamado mildiu, la interrumpe. Producen mostos pobres en azúcares, altos en acidez y bajos en materia colorante. Los vinos son verdosos y amargos y muy desagradables, con aromas a hongo y muy oxidativos.

-**Uvas atacadas por oídio:** Estas uvas se vuelven coriáceas en los granos atacados, quedan pequeñas o no completan la madurez y suelen aparecer agrietados. Si se trata de un oídio muy avanzado, las uvas pueden producir bastante glucosa y ser muy pobres en materia colorante.

-**Uvas pedriscadas:** Este accidente meteorológico puede llegar a ser la ruina de un vendimiador y de la planta, que necesitará unos años para recuperarse. Cuando hay pedrisca, el granizo rompe los granos de la uvas y los llena de mohos *(Penicilium glaucum)*, sacaromices y bacterias que consumen azúcares y ácidos. Los vinos de estas uvas tienen un intenso olor a moho y sabores muy amargos y desagradables; es el denominado *sapore di tempesta* en Italia.

-**Uvas enlodadas:** En algunos vinos se notan aromas muy terrosos e incluso a fango. Suelen proceder de viñas vendimiadas con tierra adherida y no lavadas. Los aromas son producidos por una alga llamada *Cladrotix dichotoma*, que no se nota en los mostos debido a la acidez pero sí en los vinos.

-**De fermentación alcohólica incompleta:** Estos vinos suelen ser sucios, con un dulzor extraño unido a sabores amargos y agrios. Son los típicos vinos de pueblo y de elaboraciones caseras.

-**De fermentación con presencia de azufre:** Esta fermentación produce vinos con agua sulfhídrica (hidrógeno sulfurado), y los aromas de los vinos recuerdan a los «huevos podridos». Su origen puede estar en los racimos de uvas azufrados y vendimiados sin espera, en los azufrados de los envases (cubas) o en el sulfitado de los mostos para retrasar fermentaciones o acciones similares.

-Por problemas en el descube: Un descube tardío puede producir vinos rasposos, tánicos y amargos, con aromas a orujos en algunas ocasiones; son los denominados vinos de prensa, aunque una buena clarificación y filtración pueden evitar este defecto.

-Exceso de anhídrido sulfuroso: El sulfuroso que se añade a vendimias y vinos para evitar oxidaciones puede tener efectos negativos en función de la cantidad y el momento. Los vinos resultan punzantes en nariz, incluso picantes, e irritan la mucosa. Un aroma metálico en un vino puede ser consecuencia del exceso de sulfuroso consecuencia de diferentes factores: mala calidad de la uva, año con problemas en maduración, etcétera. Cuando el sulfuroso se oxida, parte de él se convierte en ácido sulfúrico. En algunas ocasiones, un buen aireado de los vinos hace perder parte de este desagradable olor.

-Sabor a venteado: Son los sabores que se encuentran en vinos que han estado demasiado tiempo en contacto con el aire, en depósitos medio llenos sin sistema de nitrógeno. Los vinos tienen sabores sosos, faltos de acidez. En los vinos tintos este problema es más acuciante, ya que son más propensos a estos efectos por las permanencias más largas en depósitos; en este caso son vinos menos sabrosos, incluso un tanto insulsos en cuerpo.

-Gusto a madera: Son los aromas que transmiten generalmente las barricas nuevas con defectos de curación, como es el caso de taninos amargos; incluso un aumento de taninos de la madera nueva no tratada correctamente puede llegar a ennegrecer el vino *(casse férrica)*.

-Olor a resina: Olor típico de los vinos criados en recipiente de pino o con alguna duela de esta madera. La sensación en la boca puede ser un tanto terrosa. También este olor puede proceder de los compuestos solubles formados por el hierro y el cobre y se denomina gusto ferroso.

-Olor o sabor a corcho: Olor ya comentado, pero al que hay que estar muy atento, ya que un mal corcho estropea el mejor vino; su olor a corcho-cartón húmedo es inconfundible.

-Olor a moho: Este olor puede proceder de hongos (humedades) que han pasado a través de algún poro rezumante del corcho, o bien ser el típico olor a corcho.

-Gustos metálicos: Son los olores que recuerdan a los metales, generalmente porque los vinos han estado almacenados en cubas de metal sin un recubrimiento adecuado o en contacto con tuberías mal lavadas. En ocasiones, un vino puede desprender un olor que recuerda al metal, pero éste puede proceder del sulfuroso.

VAMOS A CATAR

Los sentidos perciben las sensaciones y el cerebro procesa los datos aportados por aquéllas. Para que ocurra así, hay que seguir una secuencia de pasos que son casi un ritual, en realidad un guión, ya que los pasos para una cata correcta son un guión abierto a todo el mundo. La cata ha de realizarse en un medio adecuado para que sea lo más objetiva posible. Ha de practicarse, referiblemente, en una sala con colores claros, mejor blancos, muy iluminada y en ausencia de olores.

Hay que llevar los vinos a su temperatura ideal y empezar la cata por los vinos blancos y rosados más jóvenes para pasar a los blancos de crianza o reposo en botella. Después los tintos jóvenes y, por último, los tintos con crianza en sus diferentes grados.

En ocasiones, cuando se catan vinos tintos viejos y jóvenes, es interesante cambiar el orden, ya que si se empieza por los más jóvenes y potentes, al llegar a los viejos, la acción de los primeros hace que no se detecte nada; en cambio, si se comienza por los tintos más viejos, se conseguirá una evolución de potencia. No es la manera más ortodoxa, pero la práctica repetida de este sistema me ha dado la razón en muchos casos.

Las fases o el guión de cata deben seguirse de una forma rigurosa y emplear un lenguaje común con el fin de que el resultado sea entendido por todos. Han de utilizarse palabras y definiciones concretas y alejarse de la florituras, aunque éstas sean poéticas.

Hay que utilizar una copa lisa y transparente. La copa se divide en tres partes y cada una de ellas tiene una función: la base para que no se caiga, el pie (tallo) para cogerla y de esta forma no calentar el vino, y el cuerpo para contener el vino.

Los vinos para la cata siempre han de abrirse un tiempo prudencial antes, aproximadamente una media hora, para conseguir cierta oxigenación.

Las mejores horas para catar son las de la mañana, antes de la comida, pues siempre se cata mejor con hambre.

EL EXAMEN VISUAL

El guión empieza su desarrollo cogiendo la copa, observando el disco del vino y mirando si la superficie es brillante o mate mientras se la coloca a la altura de la cintura.

A continuación debe elevarse la copa a la altura de los ojos, hacia la luz, para observar su limpidez y su brillo, así como el color oculto y el matiz. Para ello, es ideal inclinar la copa hacia delante sobre un fondo blanco a una distancia de unos 10 centímetros. Con esta operación, el vino da información sobre su juventud, evolución o vejez.

Asimismo, al girar el vino en la copa, se comprueba la fluidez del mismo y se pueden apreciar las lágrimas, o la viscosidad, y la velocidad de escurrimiento, que la proporcionan unos cordones que caen lentamente por las paredes.

Su persistencia y tamaño suelen estar relacionados con el cuerpo y la glicerina del vino, así como con la presencia de azúcares.

En vinos blancos se pone el dedo detrás de la copa y se observa de forma nítida la huella

En esta fase se percibe la presencia de CO_2 o burbujas de carbónico, típico en vinos muy jóvenes recién fermentados y en vinos gasificados y espumosos.

Para apreciar la limpidez, hay que coger la copa y poner el dedo índice debajo de la misma. En un vino blanco, incluso rosado claro se puede ver la yema del dedo. En caso de existir alguna partícula o nebulosa, se detectaría perfectamente.

EL EXAMEN OLFATIVO

Como ya se ha comentado, los aromas de un vino son percibidos a través de dos caminos: la vía nasal directa y la vía retronasal.

En la vía nasal directa debe olerse con la copa en reposo (parada) con el fin de extraer los aromas más sutiles.

Tras esa primera aproximación olfativa, hay que agitar (remover el vino) la copa intermitente y continuamente para que se desprendan los aromas más pesados y menos volátiles, al aumentar la evaporación; también con el fin de detectar los olores defectuosos es bueno «romper» el vino en la copa con un movimiento brusco de agitación.

En estas tres partes del examen olfativo se determinan la intensidad, la calidad y la clase de aromas.

Por último, es muy interesante oler la copa vacía, para descubrir los aromas que desprende la película de vino al evaporarse.

EL EXAMEN GUSTATIVO

Llegado el momento de llevarse un vino a la boca, conviene seguir unos pasos determinados y tener en cuenta una serie de precauciones:

1) Poner en la boca el mismo volumen de vino cada vez

2) Remover el vino con la lengua unos tres o cuatro segundos para percibir cómo los sabores dulces, ácidos y amargos surgen paulatinamente a medida que el líquido va empapando los distintos tipos de papilas; por tanto es conveniente mantener unos segundos el sorbo en la boca hasta su total despliegue gustativo

3) Con el vino en la boca se ha de efectuar un ligero borboteo aspirando aire a través de los dientes para exaltar tanto los aromas como los defectos

4) Memorizar y calificar aromas y sensaciones

5) Arrojar (escupir) el vino en pequeños golpes, ya que de esta forma se perciben nuevos aromas, debido a que el vino está más caliente y ayuda a evaporar las moléculas menos volátiles, mediante la aireación

PEQUEÑAS PRÁCTICAS SOBRE EL EXAMEN GUSTATIVO

El pH de la saliva es neutro y, a la vez, posee un poder taponador debido a la presencia de bicarbonatos que disminuyen la acidez de los alimentos, tanto por dilución como por neutralización.

La intensidad gustativa de un vino se expresa en función de la potencia de los sabores básicos que se perciben en la lengua.

Para practicar la intensidad de estos sabores e incluso medir el umbral propio de su percepción es interesante llevar a cabo las siguientes prácticas:

— Para el sabor dulce: Diluir sacarosa en agua a 10 g/l
— Para el sabor ácido: Diluir ácido tartárico en agua en una proporción de 85 ppm (partes por millón)
— Para el sabor salado: Diluir cloruro de sodio en agua en una medida de 3 g/l
— Para el sabor amargo: Diluir sulfato de quinina en agua a una medida de 2 ppm
— El umami se detecta en alimentos ricos en proteínas, tales como la carne roja o quesos, como el Parmesano, aunque la forma más directa de reconocerlo son las pastillas de caldo concentrado e incluso la comida china; la base de todos estos alimentos es su riqueza en glutamato monosódico, componente reactivador y potenciador del sabor, de ahí que los alimentos ricos en este compuesto se definan como *sabrosos*.

La intensidad gustativa se expresa en *gust,* que es la unidad que corresponde a la intensidad de sabor de las soluciones descritas.

EJERCICIO DE RETROOLFACCIÓN

Este ejercicio es bastante simple y práctico siempre que se sigan las siguientes pautas, a fin de evitar errores y un mal trago.

1) Se coge con una mano la copa y con la otra una servilleta
2) Se pone el vino en la boca
3) Se inclina la cabeza para evitar que el vino pase a la garganta y dé una sensación de ahogo
4) Con el vino en la boca y la cabeza inclinada, se comienza, haciendo ruido, introduciendo aire por la boca y espirándolo (expulsarlo) por la nariz, siempre manteniendo el vino en la boca. Así varias veces, hasta repetir la operación de tres a seis. La servilleta es útil por si se escapa algo de vino
5) Una vez realizada esta operación, se expulsa el vino y se sigue respirando

Al hacer esto, uno se da cuenta de que los aromas han llegado hasta mucho más atrás y se tendrá la sensación de que ha creado un círculo de aromas que se mantienen durante más tiempo y se han sacado más aromas al vino que al principio no podían detectarse. Es una operación que cuesta dominar, pero que luego resulta muy simple y efectiva.

El motivo es el siguiente: los vinos tienen unas moléculas aromáticas más volátiles que son las que se perciben al mover la copa, y otras más grasas y pesadas que son las que se le «arrancan» al vino gracias a la corriente de oxígeno que pasa a través del mismo en la boca, ya que cuanto más tiempo se tenga el vino en la boca más se calienta y adapta a la temperatura corporal.

OTROS EXÁMENES INTERESANTES

— Auditivo: Es el más complejo de la cata, pero se puede afirmar que existe, sobre todo en vinos espumosos (captar la efervescencia), ligeros (ligereza al servicio) y densos (densidad al servicio).

— Táctil: En la boca, además de los sabores ya descritos, también se pueden percibir estímulos táctiles (astringencia y sequedad) y térmicos (temperatura), ya que las mucosas epiteliales están dotadas de una gran sensibilidad.

Las papilas filiformes son las más abundantes en la lengua y, gracias a su desarrollada sensibilidad táctil, son las responsables de percibir estas sensaciones.

En el examen táctil se percibe la astringencia, sequedad, rugosidad y la causticidad producida por los ácidos.

La saliva contiene mucina (2 g/l) una proteína que se coagula al contacto con los taninos de los vinos tintos, provocando la sensación de astringencia y rugosidad de lengua y encías.

Las sensaciones pseudotérmicas son las producidas por el alcohol y por la acción del CO_2.

El examen táctil es el que completa y redondea la totalidad del gusto en la cata y crea la imagen de un vino con forma y figura *(véase La cata por imágenes)*.

LAS FICHAS DE CATA

Existen muchos modelos de fichas para calificar los vinos, pero algunas sólo persiguen su penalización. El aficionado a la cata debe huir de las fichas numéricas y de ese afán de catar un vino y, acto seguido, darle una puntuación sobre 10, sobre 100 o sobre la cantidad que sea, en las que el mejor vino obtiene 0. Las fichas numéricas son fichas de penalización, con bastante despropósito e injustas.

Hay que empezar a catar ayudándose de fichas que indiquen todos los parámetros descritos para la cata, o sea, aquellas que tienen relacionados esos parámetros, como es el caso del siguiente modelo:

FICHA INAO

Ficha de cata de A. Castell, 1967 (INAO)		Vino (1)	Blanco Rosado Tinto	Apelación: .... Tipo: ....
Análisis Realizado Fecha: Por:	colspan="3"	Densidad: .... Alcohol: .... Azúcares residuales: .... Alcohol en potencia: .... SO_2 total: .... SO_2 libre: .... Eventualmente, observaciones de laboratorio:	Acidez total: .... Acidez fija: .... Acidez volátil corregida: .... pH: .... P&a: .... Índice de permanganato: ....

Modo de vinificación:

1º Examen visual	Superficie del líquido		brillante - apagado - limpio - irisado - trazas aceitosas
	Color	Vino blanco (1)	claro con reflejos verdes o amarillos - amarillo pálido - dorado amarillo paja - amarillo canario - amarillo ámbar
		Vino rosado (1)	pálido - blanco con reflejos rosa o violeta - gris rosa claro - rosa oscuro - ojo de perdiz - piel de cebolla
		Vino tinto (1)	rojo claro con reflejos vermellones o violetas rojo cereza - rubí - granate - oscuro - descolorido
		tinte	franco - oxidado - quebrado
	Aspecto		cristalino - brillante - límpido - velado - desenfocado - apagado plomizo - turbio con depósito o sin depósito
	Burbujas		rápidas o lentas en su formación - inexistentes - pesadas - ligeras

Temperatura del vino en el momento de la degustación: ....

Eventualmente factores que dificultan la degustación: ....

2º Examen olfativo	Primera impresión		agradable - ordinaria - desagradable
	Aroma	Intensidad	potente - suficiente - débil - inexistente
		Calidad	muy fino - con raza - distinguido - fino - ordinario poco agradable - grosero - desagradable
		Carácter	primario - secundario - evolucionado - maderizado rancio - afrutado - floral - vegetal - animal
		Duración	larga = media = corta
	Olores anormales		CO_2 - SO_2 - SH_2 - mercaptanos - aireado - madera - maloláctico acescente - fenicado - corcho defectos: pasajero - durable - ligero - grave
	Particularidades		

Eventualmente factores que impiden o molestan
el desarrollo de la degustación: ....

(1) Tachar lo que no proceda

La ficha de la INAO (A. Castell, 1967)

FICHA BURDEOS

Instituto de Enología de Burdeos   Fecha:..............
                          Ficha descriptiva de la degustación

Nombre del degustador..
Identificación del vino...
....

    Color (intensidad, matiz)..
    Limpidez..
    Otras observaciones..

    Nitidez..
    Intensidad...
    Descripción...
    Cualidad..
    Defectos eventuales...

    Descripción | Ataque..
                | Evolución..
                | Posgusto..
    Equilibrio y estructura general..
    ....
    Aroma en boca (intensidad y cualidad)..
    Persistencia aromática...
    Otras observaciones..

    Conclusiones...
    ....
    ....
    Descripción:

    Nota (sobre 5 - sobre 10 - sobre 20) (1)

(1) Tachar lo que no proceda

También es muy interesante la ficha que emitió el Instituto de Enología de Burdeos, sin comentarios pero muy práctica

FICHA UAES

U.A.E.S.   Ficha resumen   A.SU.E.
                                                            PUNTUACIÓN:

Marca:
Añada:
Bodega:
Variedades:
Tipo de vino:
N.º de botellas:

¿Qué piensa el bodeguero de este vino?

VINIFICACION:

DESCRIPCIÓN:

CONCLUSIÓN.

ESTADO DEL VINO Y EVOLUCIÓN: Vino para beber:......
                                                         Vino para beber y / o guardar:......
                                                         Vino de guarda:......

MARIDAJES: 1) Genérico:
                    2) Plato recomendado:
                    3) Producto:

TEMPERATURA DE SERVICIO:
TIPO DE COPA:
DECANTAR O TRASVASAR / TIPO DE DECANTADOR:

PRECIO EN TIENDA:

RELACIÓN CALIDAD / PRECIO: Excelente_____   Buena_____   Aceptable____

La ficha de la UAES es muy completa y además de calificar el vino, emite comentarios sobre temperaturas de servicio, tipo de copa, decantación o trasvase y maridajes con platos y productos

EL VOCABULARIO DE LA CATA

Éste es el tema sobre el vino y la cata que más confunde al aficionado. El dominio o la facilidad de poder expresar las sensaciones utilizando la terminología correcta es el caballo de batalla de la mayoría de las personas que se inician en este mundo tan fascinante y a la vez tan complejo. Resulta que lo que para unos catadores es blanco para otros es negro, o sea, que en muchas ocasiones y sobre un mismo vino, diferentes catadores expresan las mismas sensaciones (en principio) con diferente terminología.

La terminología es el conjunto de palabras empleadas por toda ciencia, técnica o arte para asentar definiciones a alguna cuestión. Los términos usados en la cata deben tener el mismo significado para todos los catadores, aunque las mismas palabras empleadas durante la cata puedan adquirir un sentido diferente en otros niveles del lenguaje; de ahí el control y conocimiento sobre adjetivos, calificativos, sinónimos y antónimos.

Un ejemplo de diferentes términos:

— Respecto a la bondad: vino bueno, agradable y sabroso (insípido como término opuesto).

— Respecto al carácter: vino con personalidad, con relieve, con elegancia y distinción (vulgar y rústico como términos opuestos).

— Respecto a la clase: un gran vino es como un gran señor, un vino con clase es un vino rico, noble y con raza (pobre y ordinario como términos opuestos).

— Respecto al físico: corpulento, musculoso, viril y estructurado (femenino, delgado y esquelético como términos opuestos).

— Respecto a la edad: nuevo, joven y del año (viejo, maduro, pasado y gastado como términos opuestos).

— Respecto a la fuerza: vigoroso, potente, con carácter y agresivo (débil y frágil como términos opuestos).

— Respecto a la textura: vestido, sedoso, amable y aterciopelado (áspero y rasposo como términos opuestos).

LA CATA POR IMÁGENES

Si uno se detiene a pensar, en esta vida está todo o casi todo inventado, aunque no siempre desarrollado; sólo basta con fijarse en los análisis de otros productos y trasladarlos al vino, aunque lo difícil y el secreto está en este análisis.

Las formas e imágenes forman parte de nuestra vida, incluso se suele hacer referencia a personas atribuyéndoles una imagen y se dice aquello de que esta persona o aquélla es cuadrada, redonda, con una formas amables o distorsionadas.

El análisis de los vinos es igual que la vida misma, es igual que el análisis de las personas; de hecho, con este sistema podrían analizarse las características, la forma y la imagen de una persona o de un colectivo.

Si se observa la figura 1, en ella se trata de analizar sólo esos parámetros en un vino joven; se trata del análisis tipo que se efectúa en la bodega antes de poner el vino en el mercado, o bien de la cata de vinos en premier.

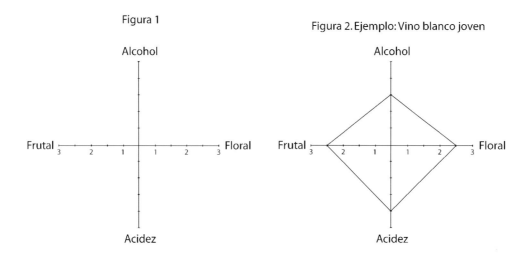

Si se pasa al caso de la figura 2, se observa que es un vino con forma de cuadrado, donde alcohol, acidez, fruta y flor son los parámetros más importantes en vinos blancos jóvenes.

En la figura 3, el sistema ha cambiado un poco; en este caso se han unido flor y fruta y se ha incorporado la medida del tanino, ideal para catar y analizar un vino tinto joven y sin paso por madera. Aquí también pueden haber vinos con forma de cuadrados.

En la figura 4 se cuenta con seis parámetros de medida, en los que se incorpora la madera, sistema ideal para tintos y blancos criados en madera. En este caso y con este sistema, casi se pueden analizar todos los elementos que dan personalidad a un vino: alcohol, acidez, floral, frutal, tanicidad y madera.

Figura 3. Ejemplo: Vino tinto joven sin madera

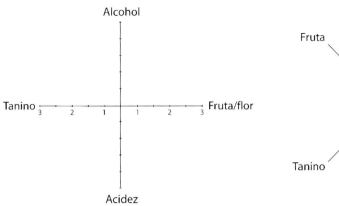

Figura 4. Ejemplo: Vino tinto o blanco joven con madera

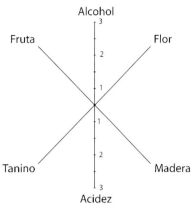

Figura 5

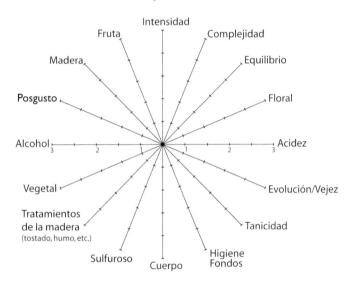

Figura 6. Ejemplo

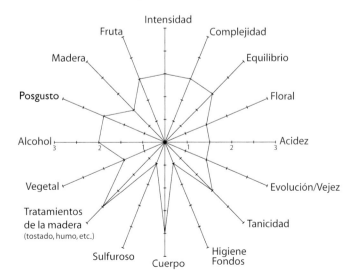

La figura 5 expone una forma de análisis más completa, en la que se analizan vinos tanto tintos como blancos criados en madera y/o envejecidos en botella. Vinos potentes y modernos y vinos maduros o envejecidos.

Se incorpora algo tan complicado como es el análisis de la complejidad de un vino, el posgusto, su evolución, los defectos tanto de vinificación como de conservación, la madera y su tratamiento.

Muchas y variadas formas pueden dibujar los vinos con este tipo de análisis, siendo éstas claras y enriquecedoras. Es una fórmula para poder hablar extensamente sobre un vino.

La figura 6 es un ejemplo de un vino tinto donde despuntan los aromas aportados por los tratamientos de las maderas (barricas), o sea, tostados de las duelas, limpio, con cuerpo y ausencia de defectos, así como maduro en su carácter y, en definitiva, equilibrado.

Cuando se cata un vino, al llevárselo a la boca, lo primero que viene a la cabeza es la forma cuadrada y, seguidamente, hay que prestar atención a los cuatro componentes principales al inicio de una cata: alcohol, acidez, fruta/flor y madera en el caso de tintos y blancos con madera *(véase figura a)*.

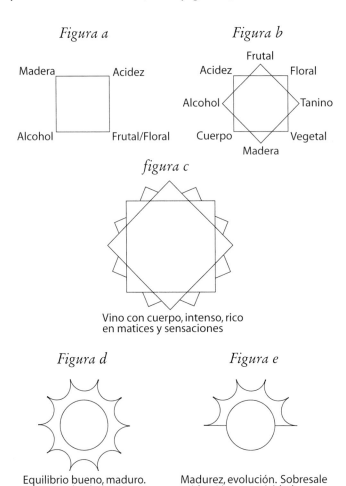

Figura a

Figura b

figura c

Vino con cuerpo, intenso, rico en matices y sensaciones

Figura d

Equilibrio bueno, maduro. Con complejidad y riqueza de matices. En su cenit

Figura e

Madurez, evolución. Sobresale acidez. Ligera tanicidad

Con la evolución, el vino cambia y su forma se vuelve más rica y amable; en este caso aparecen otros componentes como: tanino, sensación vegetal y cuerpo. Así ya se tiene un octógono *(véase figura b)*.

La figura *c* es el ejemplo de un vino rico en matices y sensaciones. Conviene apuntar estos matices aromáticos en función de su tipo, edad, cuerpo, evolución, etcétera. La forma o figura ya tiene 16 lados o matices gustativos.

La evolución de un vino lleva a su equilibrio o redondez, expresiones típicas en la cata.

La figura *d* indica un vino maduro o en su punto óptimo, carnoso y hecho, pero donde aún hay vida, expresada por una serie de aristas fundidas que aportan riqueza y encanto al vino.

La figura *e* es la de un vino que por exceso de evolución ha perdido parte de su encanto y ya sólo le queda algo de tanicidad difícil de fundir y una ligera acidez, pero con falta de cuerpo.

Las imágenes pueden mostrar muchos tipos de vinos, tanto con virtudes como con defectos.

A partir del cuadrado (1), un vino puede ser de medio cuerpo pero con unas aristas muy marcadas, tanto al ataque en boca como al final de la misma (posgusto) (2).

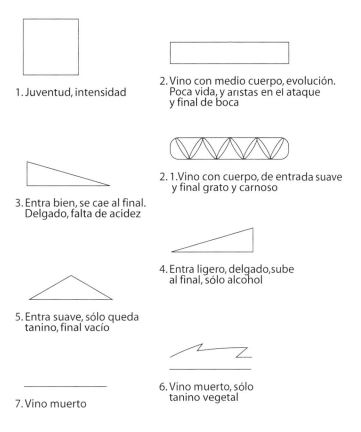

1. Juventud, intensidad

2. Vino con medio cuerpo, evolución. Poca vida, y aristas en el ataque y final de boca

2.1. Vino con cuerpo, de entrada suave y final grato y carnoso

3. Entra bien, se cae al final. Delgado, falta de acidez

4. Entra ligero, delgado, sube al final, sólo alcohol

5. Entra suave, sólo queda tanino, final vacío

6. Vino muerto, sólo tanino vegetal

7. Vino muerto

También éste puede ser un vino rico y con cuerpo, carnoso y con un ataque suave y un final amable, glicérico y/o aterciopelado (2.1).

Muchos vinos tienen buena entrada en boca y en seguida caen y acaban planos y sin sabor; un motivo sería la falta de acidez (3).

Otros vinos entran ligeros y, cuando evolucionan en la boca, despiertan y tienen un final marcado por el alcohol, cuya calidez (en función de la temperatura) puede engañar (4).

En ocasiones se catan vinos ligeros y simples, pero su tanino sigue presente aunque el vino esté acabado, y marca su agresividad en la parte alta del paladar (5).

Siguiendo con vinos defectuosos, existen algunos vinos vacíos o muertos en los que las sensaciones de taninos verdes agreden en la boca de forma punzante (6).

Por último, hay vinos sin ninguna personalidad ni contenido tanto a la entrada como a la salida de boca. Son vinos completamente insípidos y planos (7).

EL BLOC DE CATA

Existe multitud de formas de registrar el recuerdo de los vinos que uno cata. Las más frecuentes son aquellas en las que se entrega una copa al inicio de la cata y un bloc en el que, en cada hoja, aparecen tres dibujos ya típicos en las catas. El primero es un ojo, donde deben apuntarse el aspecto y color del vino. El segundo es una nariz, donde han de reflejarse los aromas y sus familias. El tercero es una boca, donde se deben expresar las propias sensaciones gustativas.

Este nuevo sistema a través de signos (formas) es mucho más práctico, ya que en principio no se valora el color, el parámetro de cata que puede decir mucho o nada en función del origen, el clima, la uva, etcétera.

El sistema es fácil de llevar a la práctica. En el bloc o cuaderno de cata debe dibujarse un triángulo; que representa la forma de la lengua y la boca, y donde se tendrán que apuntar los signos según sensaciones, de forma que un vino complejo y completo llevará una serie de signos que, al transcribirlos, darán una cata completa, con más de treinta palabras.

Cada uno de los signos (figuras) se utilizará para representar diferentes sensaciones como: acidez, tanicidad, fruta o madera; pero el máximo será de tres signos en función de la intensidad.

Es un sistema sencillo, práctico y real, que permite catar un gran número de vinos con una información amplia y precisa, sin necesidad de escribir en el momento de llevar los vinos a la boca.

SIGNOS, SABORES Y SENSACIONES
FORMA DE LA LENGUA

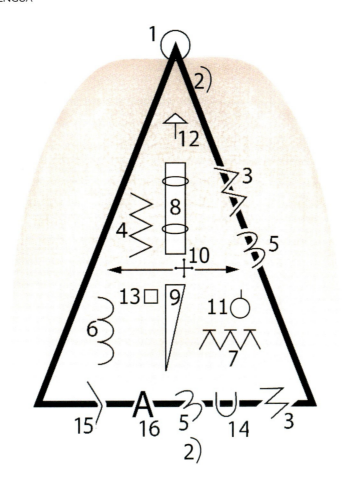

1 - ◯ : Ataque/suavidad, equilibrio (en función de la intensidad).

2 - ⌢ : Ligero (ataque) y posgusto.

3 - ⋀⋀ : Acidez marcada, punzante, vegetal.

4 - ⋀⋀⋀ : Tánico, tanino delgado, vegetal.

5 - ⌢⌢ : Buena acidez, equilibrada, cremosidad.

6 - ⌢⌢⌢ : Tanino (final de boca), maduro, graso, aterciopelado.

7 - ⋀⋀ : Tanino secante, aspereza.

8 - ▭ : Buena estructura, cuerpo.

9 - ◣ : Ligero - medio cuerpo.

10 - ⊣⊢ : Amplio, que llena la boca.

11 - ◯ : Frutas/frutal (en función del número).

12 - ↑ : Floral (en función del número).

13 - ☐ : Madera (en función de la intensidad).

14 - ⌒ : Intenso en posgusto (vino que vuelve).

15 - ⌍ : Viejo, oxidado, posificado.

16 - A : Alcohólico.

17 - Resumen: ◎ vino para beber.
⬚ vino para beber y/o guardar.

La cata por imágenes – 139

ANEXO I. LOS VINOS ESPECIALES

INTRODUCCIÓN

La legislación de estos vinos es un tanto confusa para el consumidor y aficionado, ya que entre fortificado seco y dulce puede existir una simple maduración o pasificación de la uva o adición de un mosto, alcohol vínico o vino dulce, etcétera.

De la misma forma, un vino denominado dulce natural suele llevar adición de alcohol para detener la fermentación y conservar los azúcares naturales de la uva; en cambio, un vino de licor es un mosto que no fermenta, porque se le adiciona alcohol desde un principio con este propósito, o bien uno naturalmente dulce es aquel al que en ningún momento se le añade ningún tipo de alcohol ni azúcar o mosto.

A la vez, según el país, las menciones y denominaciones suelen ser también muy diversas. Lo que sí es verdad es que se trata del mundo de la vendimias tardías, maduraciones excesivas de forma expresa, concentraciones de azúcar por diferentes tipos de pasificación de la uva, crianzas especiales bajo velo, uvas botritizadas (botritis), etcétera; también es el mundo de la adición de alcoholes vínicos para incrementar el grado de los vinos.

La siguiente clasificación es de gran utilidad, ya que en las etiquetas no siempre se expone este tipo de clasificaciones ni siglas.

TÉRMINOS GENÉRICOS

- V.D.L.: Vino de licor
- V.D.N.: Vino dulce natural
- V.N.D.: Vino naturalmente dulce
- Generoso
- Licoroso o de licor
- Fortificado (Fortified Wine)
- Caliente (Hecivin)
- Vinos Espirituosos
- Dulce
- Vinos de postre
- Concentrados
- Vinos de pasas
- Generoso bajo velo
- Generoso seco
- Generoso licoroso
- Licoroso de botritis
- Comandaría
- Mistelas
- Vinos rancios

— Vinos generosos secos (bajo velo): Son los típicos vinos de Jerez denominados manzanillas (sólo Sanlúcar de Barrameda) y finos, que se elaboran también en Montilla-Moriles y con otras definiciones como pálidos en zonas como Condado de Huelva o Málaga.

Estos vinos se crían bajo un velo de levaduras después de ser encabezados, o no, a unos 15º de alcohol durante toda su crianza.

— Generosos secos: En este apartado entran muchos vinos, siendo los principales los que después de ser encabezados con alcohol, o no, son sometidos a largas crianzas oxidativas en botas de roble, tales como olorosos y amontillados.

— Generosos rancios: Muy parecidos a los anteriores. Vinos que tras ser encabezados se someten expresamente a un enranciamiento bajo la acción de lo que se denomina «sol y serena» en contacto con el aire; luego pueden ser criados en madera o no.

— Generosos dulces: Son vinos ricos en alcohol que proceden de vendimias asoleadas (pasificadas), de uvas muy dulces y por consiguiente con una gran riqueza de azúcares naturales que pueden pasar a una larga crianza.

— Vinos de licor-V.D.L.: Son las denominadas mistelas. En realidad es una mezcla de mosto sin fermentar al cual se le añade alcohol. Después puede ser envejecida o enranciada. Una mistela suele tener un grado superior a los 13º y más de 100 gr de azúcar.

— Vinos dulces naturales-V.D.N.: Son aquellos vinos que tienen una fermentación parcial, detenida con una adición de alcohol con el fin de conservar el azúcar natural de la uva y elevar el grado alcohólico.

— Vinos naturalmente dulces-V.N.D.: Vinos dulces a los cuales no se les añade ni azúcar ni alcohol y son dulces por maduración de la uva.

— Vendimias tardías: Se trata de vinos dulces procedentes de vendimias sobremaduradas y, por consiguiente, ricos en azúcares residuales y un grado alcohólico entre los 13º y 15º, aunque en Somontano existe un vino con esta denominación en versión seco. Algunos de los más grandes de estos vinos son los producidos en Alsacia, y las malvasías de Canarias y de Sitges. También moscateles de toda la geografía española. A la vez son Dulces y Naturalmente Dulces.

— Licorosos de botritis: Licoroso, como término genérico, define densidad del vino por los azúcares. En este caso, se trata de vinos procedentes de uvas deshidratadas por la acción de un hongo denominado *Botritis cinerea*, que se deposita sobre las uvas, elimina el agua y concentra el azúcar siempre que las condiciones climáticas de sol y humedad lo permitan. Estos viñedos están situados cerca de ríos o lagos con brumas matinales y días de buen sol. Estas uvas se pueden vendimiar por racimos parcialmente botritizados, o bien seleccionando a dedo (grano a grano) las uvas totalmente secas por la acción del hongo. Las más importantes proceden de Alemania-Troclkenbeerauslese, Francia-Sauternes con mención de Cru y Selection de Grains Nobles en Alsacia y Licorosos del Loire, Hungría-Tokaji Aszú Esencia y 4, 5, 6 Puntonnyos, Austria-Trockenbeerauslese y Ruster Usbruch y algunos Noble Rot de California y Sudáfrica.

— Vinos de pasas: Estos vinos pueden pertenecer a distintos tipos de los detallados, o sea, pueden ser de grado natural o bien se les puede añadir alcohol durante la fermentación. De una forma u otra, la pasificación es muy diferente si se produce bajo la acción del sol o del frío (aire).

La pasificación bajo el sol se denomina en nuestro país «asoleo» y se trata de exponer las uvas dulces a la acción deshidratadora del sol para concentrar los azúcares; así se elaboran los grandes vinos de Jerez, Montilla-Moriles, Málaga, moscateles de diferentes zonas, garnachas del mediterráneo catalán, levantino y zonas cálidas de Aragón, Jumilla, de la variedad Pedro Ximénez, Monastrell... La pasificación en frío es más propia de países como Francia (Paille), Italia (vinos Pasitos) y Austria (Strohwein). En España se encuentra de forma tradicional en los nuevos vinos tostados gallegos de la zona de Ribeiro.

Las uvas se cuelgan de los techos en almacenes, o bien se depositan en cajas o esteras de paja con el fin de que poco a poco, durante unos tres meses o más, se elimine el agua y se concentre el alcohol, sin añadido de éste en ningún momento.

Un gran vino generoso seco, rancio y con una pasificación al aire parcial es nuestro Gran Fondillón de Alicante.

— Vinos de hielo (Eiswein): Proceden de uvas deshidratadas por congelación que dan lugar a vendimias en los meses de noviembre, diciembre e incluso más tarde. Las uvas semi-congeladas en función de la cantidad de azúcar son trasladadas de forma rápida a la bodega, prensadas y vinificadas. Vinos con buen dulzor, alta acidez y bajo grado alcohólico. Los más importantes en calidad se encuentran en Alemania, Austria, Canadá y Suiza.

— Vinos endulzados: Muchos son los vinos a los cuales se les añade un mosto concentrado, como es el caso de los denominados «süsreserve» en Alemania; incluso algunos Marsala son producto de una mezcla de mosto y mistelas.

MENCIONES DE COLOR	- Pâle: pálido - Golden: dorado - Brown: marrón - Ámbar-Tawny: tostado, piel de cebolla y naranja-marrón - Rubí, Fulls: rojo-rubí - Aloirado: topacio
MENCIONES DE DULZOR	- Extra-seco, seco, semi-seco, dulce, muy dulce - Cream: cremoso, ligeramente dulce - Medium: medianamente dulce - Dry: seco - Extra dry: extra seco
OTRAS MENCIONES	- Lágrima: mosto sin prensar - Solera: sistema dinámico de crianza - Vintage: añada y cosecha. - De edad: mención de años de crianza en la etiqueta

LOS VINOS DE JEREZ

Hijos del sol, de la albariza, del rocío del poniente y del sur.

El vino de Jerez es un vino noble porque noble fue su nacimiento y noble es su presente. Son unos vinos que ofrecen variedad y singularidad, que se saben adaptar al ritmo de los tiempos en servicio y modas gastronómicas.

Su elaboración, un tanto compleja, es a la vez atractiva, ya que recoge dos grandes grupos de vinos: por un lado la finura y la elegancia de los vinos criados bajo velo como manzanillas y finos, bajo la flor que les da su personalidad y sus características aromáticas y gustativas; y, por otro lado, la generosidad, una generosidad marcada por los años de crianza como los amontillados, olorosos y palos cortados y, como final, la amabilidad y la dulzura, como es el caso de los Pedro Ximénez y los moscateles, sin olvidar los estilos medios elaborados a partir de los diferentes vinos de Jerez.

En los vinos de Jerez, excepto los dulces, siempre hay una acidez más marcada, ya que el hecho de vendimiar antes y encabezar con alcohol vínico les da esta particularidad, a la vez, el hecho de la cercanía del mar, como es el caso de la manzanilla en Sanlúcar de Barrameda, le aporta esas notas yodadas y salínicas que unidas al clima producen vinos más finos y ligeros. Al mismo tiempo, los finos del Puerto (mención sin calificar) son aún algo más ligeros; en cambio, los criados en la ciudad de Jerez tienen un poco más de cuerpo. La cata está muy marcada por los diferentes microclimas.

Los «Jereces Reliquias», vinos de largas crianzas oxidativas que superan los veinte años (V.O.S.) e incluso más de los treinta (V.O.R.S.), son verdaderas joyas de la viticultura mediterránea, auténticos tesoros que ya los zares y emperadores sabían apreciar.

Otros estilos muy curiosos son los denominados «pata de gallina», un Jerez oloroso criado en una bodega de Pedro Ximénez; combinación perfecta de equilibrio y melosidad.

O como los East India con solera seleccionada «Single Cask/Barrel», que evocan las notas aromáticas de los vinos criados en las bodegas de los antiguos barcos. Vinos de carácter inglés; en realidad, parte de los grandes vinos del mundo han sido creados por los ingleses como es el caso del Jerez, de ahí su nobleza y complejidad.

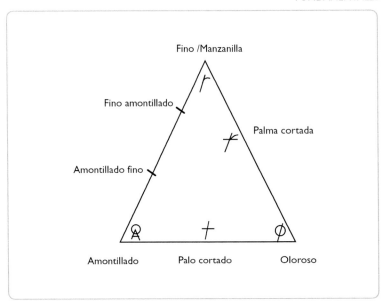

EL JEREZ Y LAS COPAS

Entre los tradicional y lo actual, siempre hay un término medio, sobre todo cuando este término se ha estudiado y comprobado. Posiblemente muchos catadores tradicionales de Jerez no estén de acuerdo con lo siguiente, pero yo garantizo que todas las versiones de cata han sido testadas y llevadas a la práctica incluso por el propio Consejo Regulador.

Entre el análisis puro a la hora de buscar defectos y la cata hedonista y agradable al buscar sensibilidad y placer, también hay una gran distancia.

Hasta ahora estos vinos siempre se han catado y consumido en el clásico catavinos jerezano, herramienta de lo más útil tanto en estos vinos como en otros e incluso en la cata de destilados; al hablar de catavinos siempre me refiero a un catavinos con buen cuerpo y tallo alto, donde el vino tiene una buena superficie para respirar. Lo que ocurre es que en el catavinos, debido a su embocadura cerrada, se concentran los alcoholes que se evaporan de la superficie del líquido y pinchan en la nariz e incluso en el paladar, aunque es una copa perfecta para el consumo a la hora del aperitivo, ferias y ocasiones similares.

En el catavinos, los aromas y el alcohol que se desprenden se concentran debido al cierre de la embocadura y estos últimos pinchan en la nariz e incluso en el paladar.

La nueva copa Jerez es, en realidad, una herramienta genial tanto a la hora de la cata como del consumo. Para vinos intensos y ricos en alcohol, es la intensidad y sobre todo el nivel de grado lo que indica el recipiente de servicio. En este caso, la nueva copa Jerez cumple con todos los requisitos: tiene buena capacidad (llenada sólo

en un tercio) y es de embocadura ancha con el fin de que los vapores y potencia del alcohol se evaporen y no resulten agresivos a la nariz o la boca. A la vez, se trata de una copa que, debido a su parecido con una copa normal de vino blanco, sugestiona y da la sensación de que se está tomando un vino blanco de mesa, porque en realidad el Jerez es un vino también de mesa de calidad.

La copa Jerez es ideal para el servicio de todos los vinos de Jerez.

Con estos vinos aún se puede rizar más el rizo, y tal es el caso de los últimos maridajes internacionales con Jerez que, en el caso de los vinos viejos (amontillados, olorosos y palos cortados), son ideales servidos en copas altas y de gran cuerpo al estilo de los vinos tintos criados. No es una locura ni un esnobismo, sino una realidad. Si se sirve un Jerez viejo en una copa grande de tinto, donde existe una gran superficie de contacto y un gran volumen de oxígeno, en principio se sirve poca cantidad. Los aromas y alcoholes suben, pero al tener una gran embocadura (abertura), cuando uno se pone la copa en los labios y el vino entra en contacto con éstos, si se cierran los ojos, se experimenta la sensación de estar tomando un vino tinto muy viejo, ya que debido a la oxigenación la madera se vuelve más cremosa.

En las copas para tinto los jereces viejos se vuelven más cremosos.

LOS VINOS DE MONTILLA-MORILES

Muchas son las diferencias y también las semejanzas entre los vinos de esta zona y los de Jerez, en cuanto a estilo, a excepción de la manzanilla que en estos lares no se da.

Los terrenos de esta zona son diferentes, combinando tierras de albarizas en colinas cálidas y calcáreas en áreas de influencia continental.

También existen diferencias en cuanto a las uvas, siendo en Montilla-Moriles dominante la Pedro Ximénez seguida de la Listán (Palomino), Baladí y Lairen.

Los métodos de elaboración son prácticamente los mismos según el tipo de vino, pero en Montilla-Moriles existen variaciones respecto a las vendimias y encabezados; éstas son, básicamente, que las uvas Pedro Ximénez en su mayoría se vendimian con un mayor contenido en azúcares y, por consiguiente, mayor grado final; en este caso muchos de los finos y amontillados no se encabezan y la sensación es de menor acidez y mayor sensación alcohólica, no por eso menos grandes, sino diferentes, contemplando finos (crianza biológica), amontillados, olorosos y palos cortados (crianza oxidativa) y dulces como moscateles y Pedro Ximénez. Es en realidad en los diferentes vinos dulces de Pedro Ximénez, en función de su larga o corta crianza, así como los elaborados por el sistema de añadas, donde se encuentran verdaderas diferencias de fruta y ternura en los vinos dulces de Montilla-Moriles.

OTROS GENEROSOS Y DULCES

Entre otros muchos vinos de España sobresalen los de Málaga, donde los de tipo fino se denominan pálidos y los dulces se elaboran en todos los estilos a partir de las variedades moscatel o Pedro Ximénez. En esta zona existe una gran tradición en la elaboración de «Vinos Naturalmente Dulces de vendimias asoleadas». Entre las sorpresas más actuales destacan los llamados Tres Leones y Molino Real.

También en Huelva, en la DO Condado de Huelva, se producen vinos similares pero diferentes, bien con Listan o Pedro Ximénez o moscateles, denominados pálidos y dorados, viejos y extra viejos.

LOS NUEVOS VINOS DULCES ESPAÑOLES

La riqueza vinícola de España es tan variada y abundante que no deja de sorprender, y estas sorpresas son realmente agradables. Desde el Empordà-Costa Brava hasta Cádiz, todas las zonas mediterráneas y del interior cálidas elaboran vinos nuevos.

Vinos que parten de coupages similares a los vinos tintos, como es el caso de los elaborados en el Priorat para el vino Dolç del Obac (vino dulce de guarda), Tarragona, con el Pansal del Calas, o bien del cálido y complejo Perlat Dolç de Syrah, elaborado en la DO Montsant, un vino este que, gracias a una larga maceración con las pieles, expresa una dulzura ácida con un buen equilibrio y aromas que recuerdan a los Amarones italianos.

En función de la maceración de las uvas en presencia de las pieles después de la adición o no de alcohol, se elaboran grandes vinos de la variedad Mataró en Alella y de su hermana Monastrell en Jumilla como es el Casa de la Ermita, vino que recuerda a las aceitunas negras y al tomate confitado, unido a sabores de miel y una acidez fresca que le da viveza. Otro vino sorprendente de esta bodega es el blanco dulce de uva Viognier, donde se unen rareza, complejidad y escasa producción. Otros vinos de este tipo son elaborados tanto en Jumilla como en Yecla.

Entre los moscateles son muchos los que han sorprendido, como es el caso de los navarros Ochoa tierno y femenino, Chivite criado en madera. En este vino se unen las notas de azahar y frutales de la uva Moscatel con las aportadas por la madera que, como final, produce un vino amplio en sabores, con complejidad y digno de estar entre los grandes de su tipo.

Lo mismo ocurre con los nuevos moscateles de Málaga ya citados.

También en Rueda se elaboran grandes y curiosos vinos dulces blancos, incluso con algo de botritis, como es el caso del elaborado por Antonio Sanz.

Es en Galicia, en la zona de Ribeiro, donde por fin se produce el auténtico «vino tostado», un vino que después de la pasificación de las uvas colgadas en locales aireados se vinifica y cría en madera. Es un vino que sorprende por su combinación de mieles y especias.

Y la lista sería interminable como interminable es el abanico que ofrece la viticultura española.

EL OPORTO

El Oporto, uno de los grandes vinos fortificados, en realidad es algo similar a un V.D.N, ya que su fermentación se interrumpe con alcohol vínico con el fin de conservar todo el azúcar residual de las uvas.

El Oporto se elabora a partir de uvas muy maduras producidas en un microclima que, en época de maduración e incluso vendimia, llega a ser tórrido, alcanzando los 50 °C. Estas viñas están abrigadas y lo más cerca posible del agua para que los

Uvas Touriga.
Foto: D.O.C.
Oporto

rayos del sol que se reflejan en la superficie de la misma, que hace la función de un espejo, maduren las uvas de forma perfecta. Los viñedos del Douro-Oporto son principalmente tintos, tales como la Tinta Roriz, La Cao, La Barroca, y Las Tourigas, seguidos de una parte de los blancos Malvasía, Arinto, Bual, Sercial, Codega, etcétera.

A excepción de algunos Oportos blancos envejecidos y conocidos como «piel de cebolla», la mayoría se elaboran en estilos más modernos, desde el dulce hasta los secos, pasando por los estilos intermedios.

En realidad el gran vino Oporto es tinto, y, además, muy especial, porque se elabora con uvas muy maduras, que expresan todo su dulzor unido a un grado adquirido en fermentación que se sitúa sobre los 20°.

Existen tres grandes familias o grupos de Oportos, pero los mejores sin duda son los criados en botella, tales como los Vintages y los Singles de Quinta. Éstos son los que expresan la fruta y el terruño, donde se encuentran la ciruela pasa, las especias y la complejidad y la acidez y tanicidad en unión del alcohol.

Pisado de los vintages especiales. Foto: Instituto de Oporto

Los Oportos Vintages siempre se han de decantar, ya que no se filtran, en un decanter de cuerpo bajo y ancho y con un embudo. Una vez decantados, han de servirse en sentido contrario a las agujas del reloj, y dice la tradición que «la frasca no ha de tocar la mesa»; esto viene a decir que, cuando ya están decantados, estos vinos sólo aguantan de 24 a 48 horas.

Vale la pena abrir y apreciar la inmensidad organoléptica que pueden ofrecer estos vinos.

A éstos les siguen los criados en madera (pipas), como son los Vintages-L.V.B. (pequeños Vintages de embotellado tardío), los Tawny (tostados) de cosecha o «Colheitas» y los Tawny de edad, Oportos que expresan en su etiqueta los años de crianza que van desde los diez hasta los cuarenta años. Estos Oportos expresan la fruta pasificada unida a las notas de la madera, lo que se conoce como el rancio noble, ya que su estancia en la pipas de madera es muy prolongada y se busca expresamente este tipo de buqué. Algunos pueden presentar posos.

Un tercer tipo o familia son más genéricos, los Ruby o Tawny, e incluso los denominados Reserva o mal llamados «Vintage Carácter» y los más interesantes de este grupo, los «Crusted» u Oportos de Costra con una crianza mixta de unos cuatro años entre madera y botella y en los que se puede encontrar una combinación de sabores entre fruta, madera y especias.

Catar el Oporto es observar toda su glicerina, toda su viscosidad de azúcar y alcohol y toda su sedosidad y potencia.

Hasta al año 1996, todos los Oportos se criaban en la ciudad de Vila Nova de Gaia, de clima atlántico. A partir de esta fecha, los vinos también se pueden criar en el Alto Douro, y la diferencia es la siguiente: los criados en Vila Nova suelen tener más cuerpo que los criados en el Alto Douro; una cuestión basada en la diferencia del clima.

DOURO (REGIÓN DE LOS VINOS DE OPORTO)

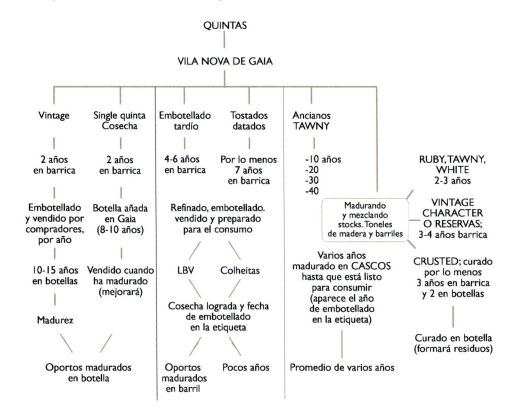

LOS VINOS DE BOTRITIS

Vinos de zares y emperadores, los grandes vinos de uvas atacadas por la botritis han sido notables a través de la historia de las grandes bodegas y de las grandes mesas.

Proceso de la Botritis

La *Botritis cinerea* es un hongo denominado también «podredumbre noble de la uva» que se desarrolla en todos aquellos viñedos que están situados cerca de ríos o lagos, lo que indica que el microclima es muy especial: humedad nocturna con abundantes nieblas matinales y días soleados con el fin de que se evapore toda el agua que el hongo le extrae a la uva. Al mismo tiempo que la uva pierde el agua, va concentrando el azúcar y llega un momento en que la acidez se mantiene y ya no baja; no obstante, no todos los vinos que indican que son de este tipo son de una calidad alta, ya que ésta va en función del año climático y las vendimias son muy diversas. La gran diferencia está en la vendimia de racimos botritizados total o parcialmente o la vendimia seleccionada grano a grano, procedimiento utilizado para los grandes. Después de la vendimia y la selección de los granos, las uvas se prensan (en prensas verticales) con el fin de extraer la mayor cantidad posible de zumo. Este zumo se pone a fermentar con unas levaduras especiales (*Cloepkera*) que consiguen (no siempre) vencer a toda la masa de azúcar y finalizar la fermentación entre los 12º y 15º. No obstante, en las buenas vendimias es tal la cantidad de azúcar que los vinos se quedan en la mitad de los grados. Es el caso de los grandes Esencia de Tokaji o Trockenbeerenauslese de Alemania o Austria o los grandes Sauternes como Château d'Yquem (aunque éste no es el caso). Vinos que a través de los años de reposo toman colores que van desde el oro hasta el cobre.

Uvas Furmint.
Fotos: Tokay Oremus

En general, los más jóvenes tienen aromas muy relacionados con las frutas tropicales (maracuyá, lichis, papaya, pomelo...), un fondo aromático que recuerda al penicilium y, en boca, una buena relación entre azúcar y acidez.

En los grandes, y en los grandes años, los frutos son caramelizados y en el buqué aparecen notas que recuerdan a pan tostado, café torrefacto, cacao, almendras y avellanas.

En cuanto a estos dos vinos, Sauternes y Tokaji, son dos grandes vinos con grandes diferencias. El Sauternes se elabora a partir de las uvas Semillón, Sauvignon Blanc y Muscadelle, en el sur de Graves (Burdeos), y su calidad puede ser muy variada: desde un vino de marca (negociante) hasta un vino de propiedad (Château), un Château con viña clasificada (1.er Cru, 2.º Cru) o un Château sin clasificar. De todo hay en la viña del Señor y, en este caso, cambia todo. Como dice el enunciado de la primera parte, cambia tierra, clima y hombre, o sea, todo.

El Tokaji se elabora en Hungría a partir de las uvas Furmint, Harslevelú y Moscatel pequeña, pero este gran vino es diferente en su modo de fermentación, la cual parte de un mosto base de vino muy ácido, al que se le añaden los famosos putonyos (recipientes de vendimiar) donde se despalilla y amasa la uva Aszú (botritizada) y, en función de la cantidad de putonyos, el vino será más dulce y de más calidad. La fresca acidez, unida a miel, cítricos y tostados, constituye la gran diferencia que acompañará al vino durante toda su vida. Frescura, melosidad y complejidad..., ésta sería una buena definición de un vino de Tokaji.

LOS DIFERENTES TOKAJIS A TRAVÉS DE LA HISTORIA

Estos vinos son muy diferentes en función de si se trata de vinos anteriores o posteriores a la entrada de bodegas de la Europa Occidental.

Antes de la entrada de estas bodegas y empresas (aún queda parte de estos vinos en el mercado), los vinos eran un tanto míticos por la historia. Pero la calidad de las vinificaciones dejaba mucho que desear, las maderas eran en su mayoría viejas y con sabores rancios desagradables, incluso agrios a excepción de los grandes Esencia. Con la bodega de Oremus las cosas han cambiado mucho en pro de la calidad. Con el cambio, la selección de nuevas maderas y las técnicas controladas de vinificación han puesto en el mercado vinos que dejarán huella durante generaciones. Oremus es una de las bodegas ejemplo de todo el potencial que tiene esta singular zona, y sus vinos, un exponente de la máxima calidad en todos sus estilos, desde los secos hasta los Esencia pasando por las diferentes clasificaciones de putonyos y las vendimias tardías. No podía ser menos por mentalidad, tanto de bodegas como de familia.

LOS VINOS ESPUMOSOS

¿DE DÓNDE VIENEN LAS BURBUJAS?

Aunque no lo parezca, el CO_2 en forma de espuma, o no, está presente en todos los vinos. Lo que ocurre es que los vinos pueden tener el CO_2 libre o combinado, por tanto es normal observar cierta espuma o la sensación punzante del CO_2 tanto en vinos tintos como blancos jóvenes, bien sean de maceración carbónica o no. El motivo es bien fácil: la fermentación siempre produce dos componentes básicos, que son alcohol y CO_2.

Pero, de forma expresa, cuando esta fermentación se produce en una botella cerrada, como es el caso de la denominada segunda fermentación del cava o el champagne, este CO_2 al no poder escapar por ningún lugar, se va combinando con el vino durante la fase de crianza y, lo que es carbónico al principio, es espuma al final; por eso se denomina al tiraje en el método tradicional «la toma de espuma», ya que estos vinos espumosos de calidad toman carbónico de la fermentación, lo combinan y lo convierten en espuma que, en definitiva, es CO_2 combinado con el vino.

Los métodos de espumatización más importantes son el Champenoise y el Charmat-Gran Vass-Gran Envase-Cuvée Close.

PROCESO DE ELABORACIÓN DEL CAVA

Champenoise (Clásico-Tradicional)

Denominado con diferentes nombres, bien se elabore champagne u otro espumoso de calidad, como es el caso del cava, se basa en lo siguiente:

En primer lugar la vendimia es algo diferente a la de un vino tranquilo, ya que en este caso se busca un vino más bajo en grado alcohólico y más elevado en acidez.

Estos vinos realizan la primera fermentación por separado, por cepas y viñas. Después de esta fermentación, deslío y reposo, el enólogo lleva a cabo la operación de «tiraje», que consiste en la sabia mezcla de los diferentes vinos según cepas y viñas. A esta mezcla se le añade azúcar y levadura (licor de tiraje). Estas levaduras se añaden para conseguir una segunda fermentación, y el azúcar para conseguir el CO_2 que se convertirá en espuma.

Si por cada 4 gramos de azúcar se consigue 1 kilogramo de presión o atmósfera, una vez realizada esta segunda fermentación se añadirá un total de 24 gramos de azúcar, que es igual a 6 kilogramos o atmósferas de presión, a la vez que se aumenta de 1º a 2º de alcohol en función del azúcar residual del vino base.

En segundo lugar, una vez embotellados los vinos con el licor de tiraje, las botellas se tapan, bien con un corcho o una cápsula metálica, se bajan a las bodegas y se colocan en posición horizontal, bien en rima o bien en jaulas metálicas para una mejor manipulación, y comienza la segunda fermentación o toma de espuma. Esta segunda fermentación suele durar los tres primeros meses de estancia en la bodega, en esta fase la temperatura será crucial para la finura de la espuma y burbuja final.

Esto tiene fácil explicación, si la temperatura de la bodega durante esta fermentación en botella es de 14 ºC, aproximadamente, la burbuja que nace siempre es pequeña; por el contrario, si la temperatura del lugar se sitúa en los 18 o 20 ºC, la burbuja que se origina siempre es gruesa.

El tamaño de la burbuja depende de la temperatura que hay en la bodega durante la segunda fermentación.

Como ejemplo pueden compararse los quesos de Emmental (agujeros grandes como ojos) y Gruyère (agujeros diminutos o nulos): la diferencia estriba en la temperatura de la bodega durante la maduración de los quesos.

Finalizada la segunda fermentación, el vino pasa a la etapa de crianza, aún con todas las levaduras muertas (autólisis) situadas en el cuerpo de la botella. El tiempo de permanencia en las bodegas es de nueve meses para un cava, como mínimo, y quince para un champagne.

La evolución de las burbujas, rápidas o lentas, dependerá de la fusión que existe entre el CO_2 y el vino que, a la vez, va en función del tiempo de crianza.

Un cava joven siempre tendrá una burbuja más rápida y alegre que un cava de larga crianza, que presentará una burbuja de evolución lenta. De momento no se habla de calidad del producto, sino de tiempo total de crianza.

Una vez decidido el tiempo de crianza, a partir de los mínimos establecidos que suelen oscilar entre los 12, 18, 24 y 36 o más meses, las botellas deben limpiarse; para ello se sitúan en los famosos pupitres (removido manual de botellas especiales), o bien se sitúan las que se pusieron en jaulones o giropalets en un sistema mecánico con un programa, el cual hace girar y remover la cantidad de veces que se programe todo el jaulón, con las quinientas botellas que caben aproximadamente, de forma que el removido es uniforme en todas las botellas; la mayoría de las veces este sistema mecánico es superior en cuanto a limpieza al de la mano del hombre.

Una vez hecha la operación de «removido», las botellas están «en punta», o sea, con todo el sedimento en la punta y junto al corcho o tapón. Para un degüelle con garantías, las botellas se llevan a una cinta con un líquido a unos 20 °C bajo cero, se sumerge en este líquido la parte donde están los sedimentos, se congela y ya es posible poner la botella recta sin miedo a que se enturbie.

Después, la botella se coloca en una cinta mecánica que va pasando por diferentes máquinas automáticas, cada una con una misión. La primera descorcha (degüelle automático) la botella y salta el carámbano de hielo con los sedimentos. La segunda adiciona o no una solución de azúcar líquida, denominada «licor de expedición», con el fin de dar mayor o menor dulzura al producto. Las siguientes: una pone el corcho, otra la cápsula y la etiqueta, otra limpia y embala en cajas, etcétera.

Este proceso puede ser automático o manual; de hecho, los cavas o champagnes con embotellados especiales se hacen de forma manual, ya que las máquinas sólo hacen botellas tipo y, también, porque son productos de menor rotación.

En esta operación el vino pierde unas dos atmósferas y se queda finalmente en cuatro, con las que llega hasta la copa del consumidor.

Que el proceso se haga de forma automática o manual no le agrega ni le quita calidad alguna al producto. La calidad está en la uva, la tierra, el clima y la elaboración y selección de levaduras. Que alguien mueva las botellas a mano en un pupitre es un hecho sin ninguna trascendencia, ya que lo que se busca es que las madres (levaduras muertas) bajen de la forma más limpia y rápida posible el cuello de la botella.

Los vinos que siguen este método se califican como «Vinos Espumosos de Calidad», con independencia de su denominación u origen.

Otro método similar es el que utiliza un cartucho en el que se introduce el licor de tiraje y el vino sufre la segunda fermentación sin ensuciarse, ya que este cartucho es permeable al vino pero impermeable a la disolución de azúcar y levaduras.

El resto de las operaciones son las mismas, excepto que en este caso no es necesaria la operación de «removido».

Charmat-Gran Vass-Gran Envase-Cuvée Close

Se conoce con el nombre de «Tradicional-Milispark». (Creado por Charmat-Gran Envase y Cuba Cerrada.)

Todo el proceso se desarrolla básicamente en cubas cerradas (autoclaves) durante veintiún días como mínimo o seis meses como máximo.

Se empieza por poner la mezcla de los vinos en una cuba y calentarlos o no. A continuación, los vinos se pasan a una segunda cuba donde se les adiciona el licor de tiraje (azúcar y levadura) y se deja fermentar de diez a quince días. Finalizada esta operación, se pasan a otra cuba donde se clarifican, se filtran y se embotellan.

Éste es el método típico de los vinos espumosos dulces de Asti y Prosecco italianos. Cuando este método se alarga hasta los seis meses de contacto entre tiraje y vinos se puede denominar asimismo Vino espumoso de calidad o Sekt, en España, llamándose en Italia también Charmat lungo.

Existe un método intermedio, el «Proceso de Traslado-Transfer Process», que consiste en desarrollar la segunda fermentación en botella durante tres meses y vaciarla en una cuba para la operación de filtrado o eliminación de las lías, pasando directamente al filtrado y embotellado. Se utiliza poco.

El método más antiguo es el empleado por algunos vinos espumosos del sur de Francia: Rural (en el Limoux), Gaillacoise (en Gaillac), Diosie (en el Die-Ródano) y también Propiètaire. Es el método con el que empezó el famoso monje Dom Pérignon.

Se trata de embotellar un mosto semifermentado con unos 35 gramos de azúcar y de uvas dulces, al que no se añade licor de tiraje durante un mínimo de cuatro meses. Las lías se eliminan por un sistema de filtrado isobarométrico (de botella a botella), o bien trasladando las botellas a una cuba de unificación con filtración y embotellado similar al Transfer. En este método tampoco se adiciona el licor de expedición, ya que se trata de vinos dulces.

Todos los vinos espumosos elaborados en la CEE y que se comercialicen en ella han de llevar una cantidad de azúcar según sea el tipo:

TIPOS DE VINO EN FUNCIÓN DEL LICOR DE EXPEDICIÓN:

BRUT NATURE	0 gramos/botella
EXTRA BRUT	0-6 gramos/botella
BRUT	6-15 gramos/botella
EXTRA SECO	12-20 gramos/botella
SECO	17-35 gramos/botella
SEMI-SECO	35-50 gramos/botella
DULCE	+ de 50 gramos/botella

La dosificación y el licor de expedición no da ni quita calidad a un vino espumoso, sólo marca el carácter particular de una casa.

La calidad de un cava o champagne no se puede basar nunca en este licor, pues es un argumento muy pobre y antiguo.

CAVA O CHAMPAGNE: LA GRAN CONFUSIÓN Y LA GRAN DIFERENCIA

Entre un cava y un champagne hay pocas cosas en común, excepto que los dos vinos tienen espuma y que se elaboran mediante el mismo método o sistema, pero en realidad son dos vinos totalmente diferentes. Lo que ocurre es que casi siempre se los compara, bien por sus historias, bien por la espuma y el método, o bien por una costumbre arraigada. Del mismo modo que nunca se confunde un Rioja con un Burdeos, siendo el método de elaboración el mismo, tampoco deberían confundirse estos dos grandes vinos espumosos de calidad.

Las diferencias se basan en las características que marcan la calidad y tipicidad de un vino con independencia de su tipo o color; éstas son: uva, tierra, clima y hombre, y la incidencia de todo esto, que no es poco, en el producto final. Ha de tenerse en cuenta que encontrar un champagne Brut Nature es algo realmente difícil, ya que son muy escasos y raros. El motivo es el clima frío y húmedo y la falta de horas de sol. Todo lo contrario que ocurre en la región del cava, con un clima mediterráneo y todo el sol necesario para un perfecto equilibrio entre acidez y azúcar. Otra diferencia muy marcada es que el champagne, a excepción de los denominados *blanc de blancs* (de uvas blancas), se elabora en su mayoría o totalidad con uvas tintas, y

	CAVA	CHAMPAGNE
Temperatura media	14 a 15 °C (perfecta maduración)	10 °C (límite de la maduración, ya que a 9 °C la uva no madura)
Clima	Mediterráneo (costa) y su influencia; continental en interior	Septentrional frío
Tierra	Arcillo-calcáreas	Calcáreas
Lluvias	514 mm	Abundantes (más de 600 mm)
Horas de sol	2.500-media	Escasas
Chaptalización	No	Obligada
Uvas	Siempre blancas (un cava siempre es *blanc de blancs*): Macabeo, Xarel·lo, Parellada, Subirats, Parent, Chardonnay -Rosados: elaborados siempre por sangrado, dominando las uvas Trepat, Monastrell o bien la Pinot Noir, o coupages	Según coupage: -*blanc de noirs*: mayoría o totalidad de tintas-Pinot Noir-Meunière-Chardonnay -*blanc de blancs* (blanco de uvas blancas Chardonnay) -Rosados: mezcla de vinos tintos y blancos (permitido) o por sangrado, siendo este sistema poco común
Por vinos y años	Siempre con los vinos de un mismo año	-Champagne: mezcla de uvas, vinos y años diferentes (mezcla de mezcla) -Ch. Millésime: mezcla de uvas, viñas y vinos diferentes, pero de un mismo año -Champagne monoCru: champagnes procedentes de un solo pago o Cru
Acidez	Equilibrada	Alta (pH de 2,8-2,9 y 3)
Estilos	Vino fresco, floral y frutal y más ligero, con la posibilidad de la ausencia de azúcar	Más vinoso y con un grado de alcohol superior, siendo siempre un vino con dosificación de azúcar en su gran mayoría
Por tiempos de crianza	-Reserva Joven: mínimo 9 meses -Reserva: entre 18 y 24 meses (no oficial) -Gran Reserva: mínimo de 30 meses	-Champagne: mínimo de 15 meses -Ch. Millésime (añada): mínimo de 36 meses

se denomina *blanc de noirs*. Incluso la densidad de cepas por hectárea en el área del champagne llega a ser el doble o más, por cuestiones climáticas. Pero esto es lo de menos, ya que cada uno tiene sus particularidades que lo hacen diferente.

Las informaciones del cuadro demuestran que son dos vinos muy diferentes. Incluso en el prensado existen diferencias, ya que en el champagne se utilizan prensas verticales con tal de que el hollejo de las uvas no coloree el mosto y, de esta forma, se eviten filtrados negativos para el vino. Por el contrario, en el cava se utilizan prensas horizontales con prensados por membranas, o bien de bandas.

LOS CRUS AL 100% DE CALIDAD

- Ambonnay
- Chouilly (b)
- Oiry
- Verzy
- Cramant
- Avize
- Louvois
- Puisieulx
- Tours-sur-Marne
- Beaumont-sur-Vesle
- Mesnil-sur-Oger
- Sillery
- Mailly-Champagne
- Bouzy
- Oger
- Verzenay
- Ay

LA LONGEVIDAD DE LOS VINOS ESPUMOSOS

Estos vinos pueden estar en la bodega y en crianza varios años. Todo depende del tipo de vino, edad de las cepas, rendimientos, etcétera, pero una vez se le han sacado las levaduras muertas (degüelle), los vinos ya no mejoran (con algunas excepciones), o sea que son vinos ideales para consumirlos de inmediato a su salida al mercado.

Los cavas jóvenes y los reservas se han de consumir, como máximo, en el año, a fin de que ofrezcan toda su fruta y frescura, Los Grandes Reservas y Cavas Especiales son cavas que aguantan hasta dos años, pero no interesa nunca guardar los vinos espumosos.

También los champagnes normales han de ser consumidos en el año, incluso los Millésimes envasados en botellas estándars. Sólo los grandes Millésimes (con añada) y las Cuvées Especiales, debido a su nivel de acidez y bajo pH, pueden tener una longevidad (bien conservados) de hasta unos cuatro a seis años, pero no mucho tiempo más.

Esto no significa que no haya bodegas que sacan sus cosechas como 92-96, con ocho o diez años al mercado, pero los vinos han sido degollados y limpiados a última hora y son excelentes para consumir entendiendo su estilo.

Tanto en cavas como en champagnes, existen los de carácter más maduro y con un punto de oxidación que los hace diferentes ante los buenos conocedores.

La conservación de estos vinos es idónea y aconsejable que se realice en botella derecha, al igual que la gran mayoría de vinos generosos y dulces.

LA CATA DE LOS VINOS ESPUMOSOS

Ante la ausencia de la fecha de degüelle en la mayoría de las marcas (dato que sólo proporcionan unas cuatro de cava y otras tantas de champagne), la observación de la forma del tapón en el descorche nos da la información sobre la frescura del producto (tiempo que ha transcurrido desde su salida al mercado). Un corcho oscuro, endurecido, y con forma recta que casi se puede volver a poner en la botella es síntoma de un vino que lo más seguro estará oxidado; en cambio, un tapón que se vea nuevo, elástico y con forma de champiñón es síntoma de un producto fresco, lo cual no significa que haya tenido una larga crianza. Si el cava o champagne indica en su etiqueta anterior o posterior la fecha del degüelle es simple hacer las cuentas.

Vale la pena recordar que la función de estos tapones es la de evitar la pérdida de espuma; estos corchos no quitan ni dan calidad a ningún tipo de vino espumoso.

La copa

La elección de la copa, siempre es de suma importancia para poder apreciar las cualidades organolépticas de un vino, pero en ninguno es tan importante y determinante como en los vinos espumosos.

A menudo por desconocimiento, se tiende a simplificar y tener una sola copa para todos los espumosos, y ello sería tan incoherente y simplista como tener una sola copa para catar todos los vinos.

Teniendo en cuenta la gran diversidad de vinos espumosos que pueden disfrutarse en función de su origen (Spumantis italianos, Sekts alemanes, Crémants de distintas AOC de Francia, champagnes, cavas, espumosos autralianos, californianos, neozelandeses, sudafricanos...), de sus variedades (Riesling, Chardonnay, Pinot, Macabeo, Trepat...), del método de elaboración (Diosie, tradicional, charmat...), de la crianza (reservas, Gran Reservas...), o de la añada (vintages, milesimados, vendimia,...), queda claro y patente que una sola copa no será suficiente para apreciar todo lo que puede expresar un vino espumoso.

Vista, olfato, gusto y tacto, son sensaciones posibles de apreciar mejor o peor en función de la copa elegida, para cada espumoso sometido al examen de nuestros sentidos.

Aparte de desechar rotundamente la llamada copa Pompadour, dos tipos de copa son imprescindibles para la degustación:

La copa flauta para espumosos jóvenes, en los que predominan los aromas primarios, frescos y afrutados, de levadura, con el carbónico vivo y punzante de evolución rápida.

La copa tipo cáliz para espumosos con mayor crianza, en la que se aprecian los aromas de fruta madura, la complejidad del buqué de crianza, las notas de frutos secos, de tostados y de pastelería, con el carbónico cremoso y bien integrado y burbuja de lenta evolución.

La copa tiene que ser lisa, estar bien seca y, por supuesto, sin restos de jabón.

PARÁMETROS DE CATA EN LOS ESPUMOSOS

La temperatura

En primer lugar, es importante remarcar que la copa jamás debe estar congelada, pues muy fría actúa como antiespumante. Por lo que se refiere a la temperatura del vino, independientemente de la variedad, o del método empleado en la elaboración de un vino espumoso, la crianza (entendiendo como crianza, en los espumosos elaborados por el método tradicional, el tiempo transcurrido del tiraje al degüelle), será el factor que determinará la temperatura de degustación.

Para los espumosos jóvenes la temperatura deberá ser de, aproximadamente, 6 °C.

Los espumosos con más crianza, tipo Gran Reserva, de 6 a 8 °C.

Para los muy maduros, crianzas muy largas, especiales, de 8 a 10 °C.

Limpidez

Es un aspecto muy importante en un vino espumoso. Es lo primero que debe valorarse, pues un espumoso tiene que ser limpio y brillante.

El color

Respecto al color, el sistema es el mismo que para la cata de los vinos blancos, aunque un champagne siempre será más amarillo-dorado que un cava, debido a la utilización de la uva tinta.

Dependerá de la crianza: los más jóvenes presentarán colores de menor intensidad, con matices verdosos, y los de más crianza presentarán colores más intensos con matices más amarillos y oro viejo. El color depende también de las variedades utilizadas en el vino base, tanto de los blancos como de los rosados.

La elaboración empleada en la obtención del vino base y en la toma de espuma también tienen su influencia. Un claro ejemplo son los vinos blancos elaborados a partir de uvas tintas, como la gran mayoría de los champagnes, en los que aparece siempre un color amarillo-grisáceo, que ha llevado a denominarlos también vinos grises.

Fluidez

Este aspecto se aprecia cuando el espumoso en cuestión forma finas y elegantes lágrimas en la pared de la copa. La fluidez aporta volumen, sedosidad y suavidad, y se dice que un espumoso es ágil en copa cuando ésta no se aprecia.

Perlage

El perlage es la observación de la espuma y la burbuja presente en la copa.

Es muy importante que, en el momento de escanciar el vino espumoso en la copa, se evite la formación de espuma, pues ello implicaría una pérdida enorme de carbónico que engañaría a los sentidos cuando se realizara el análisis organoléptico. Es conveniente llenar la copa como máximo 2/3 de su capacidad en dos tiempos. Primero se sirve una pequeña cantidad, que evitará el exceso de formación y evaporación de espuma del segundo tiempo.

En cuanto a la burbuja, conviene tener en cuenta los siguientes aspectos:

— Tamaño de la burbuja: Es siempre un indicativo de calidad. Cuando la toma de espuma o segunda fermentación transcurre lentamente, al amparo de la luz, humedad constante, y temperaturas bajas en la profundidad de las bodegas, el carbónico se forma poco a poco, la burbuja es más pequeña y el gas está más integrado. La burbuja puede ser fina (cuando es muy pequeña), pequeña, mediana, o grande.

— Evolución: Se refiere a la velocidad a la cual se desprende la burbuja. Cuanto más combinado está el carbónico, más lenta es la evolución de la burbuja. En general, es un buen indicativo para conocer la crianza de un cava, ya que cuanta más crianza tiene éste (o un vino espumoso de calidad), más combinado está el carbónico. De este modo, la burbuja de un cava será de evolución lenta cuando el carbónico esté muy bien integrado, o de media o lenta evolución, cuando lo esté poco.

— Rosario: Es la formación de un cordón vertical de burbujas. Depende mucho de la copa, de su forma y de si tiene algún sedimento diminuto o resto de polvo o de antiespumante, como el detergente. Un mismo cava en tres copas diferentes tendrá un rosario distinto.

— Corona: Es la formación de espuma en la superficie del líquido. El mantenimiento y grosor de la corona depende del tipo de levaduras y de la cantidad de uva/vino tinto en el coupage, de forma que es normal que un champagne tenga más corona que un cava, ya que la uva tinta es más rica en nitrógeno y éste retiene el carbónico.

— Persistencia: La duración de la espuma es muy importante en los vinos espumosos y depende no sólo de la efervescencia, sino también del poder de combinación del carbónico resultante de la composición química del vino. La persistencia puede ser nula, poca, media, persistente o muy persistente.

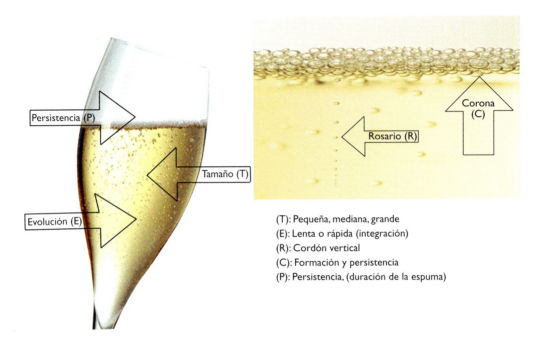

(T): Pequeña, mediana, grande
(E): Lenta o rápida (integración)
(R): Cordón vertical
(C): Formación y persistencia
(P): Persistencia, (duración de la espuma)

SENTIR, OBSERVAR, CATAR

Olfato: Nunca hay que agitar la copa para oler los cavas.

Teniendo en cuenta que el carbónico de un cava no es sólo gas, sino cava en estado gaseoso, y teniendo en cuenta que la pituitaria amarilla (órgano receptor del olfato), sólo reconoce las partículas volátiles susceptibles de diluirse en ella, si se agita la copa, el carbónico escapará y no podrá ser sometido al sentido del olfato. Lo que hay que hacer es mover la copa lentamente para que el vino se abra.

La calidad real de estos vinos se evalúa en la nariz, al apreciar la gama de aromas, tanto florales como frutales, de levadura fresca e incluso minerales, y los que aportan las levaduras en la crianza y el tiempo de la misma, como son las notas de reducción noble, panadería, tostada, humo, cacao, brioche, etcétera.

Hecha esta consideración, hay que distinguir entre aroma y buqué.

Aroma: Son los que provienen de la variedad y pueden ser afrutados, vegetales o florales. En el caso del cava, hay una gran riqueza de aromas gracias al coupage (o mezcla de los distintos vinos) que lo componen. De este modo, las diferentes uvas aportan aromas distintivos:

Nunca hay que agitar la copa (foto izquierda).
Se ha de mover lentamente (foto derecha)

Macabeo: aromas de fruta blanca como la manzana verde.
Xarel·lo: aromas vegetales, hinojo y pera.
Parellada: aromas de flor de viña y fruta tropical.
Chardonnay: aromas de fruta tropical, piña y plátano.
Trepat: aromas de frutos rojos, frambuesa, moras.

Buqué: Son los aromas de crianza, que se forman durante la fermentación del vino base, como los de la segunda fermentación en botella.

Por una parte, se aprecia la evolución de los aromas varietales, pero lo más destacable en los cavas son los aromas que aparecen tras la toma de espuma o segunda fermentación en la botella.

Tras la segunda fermentación en la botella, las levaduras, una vez transformado todo el azúcar que contenía el vino en alcohol y carbónico, mueren.

Este fenómeno, que se denomina autolisis, es el principal responsable del buqué de los grandes cavas y espumosos.

En efecto, al morir la levadura, se rompe su membrana celular (auto-lisis), liberando muchas sustancias, como las nanoproteínas que darán cremosidad y ligereza al cava y ésteres aromáticos que interaccionarán con el cava durante todo el proceso de crianza, dándole persistencia y complejidad.

Este contacto con las lías es el responsable, sobre todo, de los aromas de pastelería como brioche, mantequilla, bollería fina, crema pastelera..., especiados como vainilla, arrope, canela..., de torrefacción como frutos secos, caramelo, pan tostado...

A mayor juventud, más aroma, menos buqué y final de boca más corto. A mayor crianza, como en el Gran Reserva, menos aroma, más buqué, mayor complejidad y posgusto más largo.

También se encuentran aromas externos al cava que provienen del «licor de expedición». Ésta era una práctica muy importante hace años, tanto que se decía que era «el buquet de cada casa» que se mantenía celosamente guardado. Evidentemente, en la actualidad esta práctica está en desuso, ya que con los conocimientos y con las modernas instalaciones de ahora, las bodegas logran el milagro de respetar al máximo la uva y, al mismo tiempo, expresar todo su carácter y personalidad.

Gusto: Es en la boca donde se ha de apreciar la calidad y el equilibrio entre vino y espuma. En la explosión y sensación punzante de los vinos más jóvenes o en la cremosidad y equilibrio de las largas crianzas. No puede hablarse del examen gustativo sin tener en cuenta la influencia del anhídrido carbónico.

El carbónico puede ser considerado un constituyente más del vino. Todos, incluso los más viejos y añejos, contienen carbónico. Sin embargo, en el caso de los vinos espumosos, la concentración es mucho más elevada y la influencia en la degustación será, por tanto, mucho mayor. El anhídrido carbónico es un gas de aroma punzante que irrita la mucosa nasal. Se trata de una solución acuosa que tiene un sabor ácido, debido a que en contacto con el agua se combina y forma ácido carbónico. En los vinos espumosos, el anhídrido carbónico se encuentra mayoritariamente en estado libre y sólo una pequeñísima parte forma ácido carbónico.

En cambio, en la boca, el anhídrido carbónico en contacto con la mucosa de la lengua se transforma en ácido carbónico gracias a una enzima denominada anidrasa carbónica que está presente en la saliva y en las células epiteliales. De esta manera, el ácido carbónico resultante da una sensación gustativa de sabor ácido.

La textura es otro aspecto muy importante que aporta el carbónico. Es la sensación táctil, punzante, agresiva o suave. En efecto, un vino espumoso tiene mayor calidad cuanto mayor es el equilibrio y la fusión entre la parte líquida y la parte gaseosa.

Un vino espumoso tiene una textura distinta a la de cualquier otro vino. Del mismo modo que una mousse de chocolate no es sólida ni líquida, un vino espumoso no es gas ni es líquido: es espuma. Así, cuando un cava es joven, el carbónico está menos combinado y la textura es punzante. Si tiene una crianza media (a partir de los catorce meses), ya hay espuma. Cuando el carbónico está muy combinado gracias a largas crianzas (Gran Reserva), se observa cremosidad. Si al probarlo, el vino va por una parte y el carbónico por otra, ese vino espumoso está desequilibrado.

Acidez: La acidez en un vino es como la sal en la comida. La acidez da frescura, brillo y potencia el resto de aromas. Cuando hay poca, se trata de un vino espumoso plano. Si es excesiva, desagrada.

Los ácidos más importantes de los vinos espumosos son tartárico, cítrico, málico, láctico y succínico. El sabor ácido depende sobre todo de la cantidad y calidad de los ácidos orgánicos presentes en el vino. El carácter ácido de un vino está determinado por la combinación y la interacción de otros compuestos como alcohol, azúcar, sales minerales, glicerina..., que pueden formar sinergias o neutralizarse entre sí.

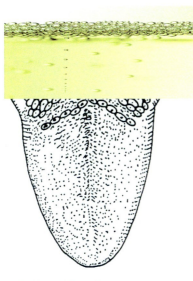

- En boca el anhídrido carbónico se transforma en ácido carbónico en contacto con la mucosa debido a la enczima anidras carbónica = sensación ácida

TEXTURA EN BOCA

- El CO_2 en un cava no es gas ni es líquido, es espuma:

  – Punzante: poco combinado, cavas jóvenes
  – Espuma: Crianzas medias (+14 meses)
  – Cremodidad: Cava Gran Reserva y largas crianzas

Desequilibrio: cuando el vino va por un lado y el carbónico por otro

- La acidez siempre está compuesta por la suma de los ácidos

Dulce, salado, ácido, amargo, umami

Licor de expedición: Una vez finalizado el proceso de la toma de espuma (segunda fermentación), la levadura ha transformado todo el azúcar que contenía el vino en alcohol y carbónico. Por tanto, todos los cavas antes de su degüelle son completamente secos (Brut Nature).

Transcurrida la crianza, cuando se destapa la botella para expulsar las lías, si se quiere un vino espumoso más o menos dulce, debe añadirse licor de expedición. Este licor, que antaño era una fórmula secreta, en la actualidad no es más que una disolución de azúcar y vino que se emplea para limar pequeñas aristas o para redondear algunos cavas.

En general, los cavas más jóvenes, con el anhídrido carbónico menos combinado, tienen mayor sensación ácida y se les suele añadir más azúcar; sería el caso de los semi-secos. En los cavas de mayor crianza, con el carbónico muy combinado, la sensación ácida es menor, y un exceso de azúcar podría enmascarar los aromas de crianza (buqué) y, por tanto, la adición de azúcar es siempre menor, como en los Brut y Brut Nature.

Como conclusión, en el examen gustativo de un vino espumoso conviene tener en cuenta los siguientes parámetros:
— La calidad del carbónico: textura.
— El equilibrio gustativo: azúcar-acidez.
— La estructura: cuerpo (dependerá de la variedad, vinificación, coupage, etc.).
— El aroma de boca: aroma-buqué.
— La impresión final: la más importante porque las resume todas. Es el equilibrio y el grado de placer que produce un vino.

EL CAVA Y SUS MARIDAJES

Tal vez producto del desconocimiento, tal vez debido a una clasificación simplista y demasiado general, el cava es un vino que ha sido utilizado casi siempre simplemente para brindar, o bien como un comodín a la hora de realizar los maridajes.

Si bien es cierto que el cava es un vino muy versátil que casa perfectamente con un enorme abanico de platos, incluso con momentos especiales y con distintos estados de ánimo, hay que tener presente que en muchos casos es la opción más idónea para un plato y, por tanto, es preciso tener un mínimo de rigor y de fundamento al realizar su elección, ya que en el acierto estará el arte del maridaje.

Partiendo de la premisa de que el cava es un vino, sobre todo hay tres parámetros que conviene tener en cuenta al plantearse un maridaje.

Tipo de cava en función del azúcar:
— Brut Nature
— Extra Brut
— Brut
— Extra seco
— Seco
— Semi-seco
— Dulce

El orden de servicio será siempre de más seco a más dulce.

La temperatura de servicio deberá ser más baja cuanto más dulce sea el cava.

Tipo de cava en función de la crianza sobre lías:
— Joven: de 9 a 18 meses
— Reserva: de 18 a 30 meses
— Gran Reserva: más de 30 meses

El orden de servicio será de más joven a más crianza. La temperatura de servicio será desde 4 a 6 °C para los más jóvenes hasta los 8 °C para los más maduros.

Durante la crianza se suelen constatar tres aspectos:
— Evolución de los aromas primarios (evolución de los aromas de fruta verde a fruta madura).
— Mayor integración del carbónico, que disminuye la sensación de acidez (sensación de espuma y de cremosidad en los más maduros).
— Aumento de la complejidad, formación del buqué, que permitirá maridar los cavas con platos más potentes y consistentes (aparición de aromas de frutos secos, pan tostado y pastelería).

Tipo de cava según el coupage:
En este caso, aparte de las características que aporta cada variedad, hay que destacar las subzonas de donde procede cada uva.

Nunca será lo mismo, por ejemplo, un cava elaborado en la Conca de Barberá que otro elaborado en el Penedès.

De este modo, centrándose en el Penedès, con viñedos que se reparten desde casi el nivel del mar hasta 900 metros de altura, y gracias a su gran variedad geoclimática que permite establecer tres grandes subzonas de enorme singularidad, se obtienen vinos muy distintos en función de la localización del viñedo.

En cuanto a variedades blancas, están representadas:
— Macabeo: aromas de manzana verde, cuerpo medio, con elegancia y finura.
— Xarel·lo: aroma vegetal, que aporta cuerpo y estructura.
— Parellada: pera, flores blancas, poco cuerpo, acidez y aroma.
— Chardonnay: fruta tropical y estructura.
— Subirat Parent: aromas afrutados, lichis, de poco cuerpo.

Para los cavas rosados se encuentran:
— Pinot Noir: poco cuerpo y color; produce cavas finos y elegantes.
— Monastrell: rosados con más cuerpo y color.
— Trepat: frutos rojos, fresa y frambuesa, ligeros y con color elegante.
— Garnacha: cavas con buena estructura y color.

Teniendo en cuenta todos estos parámetros, es evidente la gran diversidad de cavas que se pueden encontrar y, al mismo tiempo, el enorme abanico de posibilidades que ofrecen para el maridaje.

De esta manera, se podrán establecer los principios de armonía realizando una infinidad de maridajes por contraste, o bien por sinergias.

El cava y los postres

Aunque tradicionalmente el cava se ha servido siempre con los postres, en muchas ocasiones, si no se tiene en cuenta un tipo de cava que armonice con el postre, el maridaje es incorrecto e incluso desagradable.

Pueden establecerse las siguientes vinculaciones de modo indicativo: para postres con fruta, cavas de media crianza y Reserva en función de la madurez de la fruta; para postres con frutos rojos, rosados Reserva; para hojaldre y frutos secos, Gran Reserva.

Dado que la pastelería actual es más ligera que la de antaño, y tanto las natas como cremas tienen menor contenido en azúcar, hoy se posee un abanico de cavas más amplio para combinar con los postres.

Es posible maridar con cava tipo Brut, seco y semi-seco, en función de la acidez y el contenido de azúcar del postre. Los cavas de tipo dulce se suelen reservar para los postres muy dulces.

Con el chocolate, el maridaje es muy difícil, ya que el carbónico y el amargor del cacao forman una sinergia que supera al cava. La única excepción puede ser con el chocolate blanco, ya que se complementan perfectamente.

El cava es, en verdad, un vino único: existe un cava para cada plato y un cava

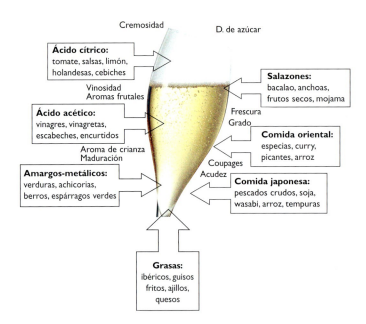

para cada momento del día. Por su singularidad y tradición, es más que un vino que nos acompaña siempre en los acontecimientos más importantes de la vida. Es posible hacer maridajes distintos según los momentos, la compañía e incluso el estado de ánimo.

A modo de epílogo, desde un punto de vista gastronómico, es interesante resaltar que los cavas ofrecen al sumiller un universo de combinaciones, cuyo conocimiento es una herramienta fundamental para acertar en el maridaje, y que hacen de su profesión un arte para hacernos más felices.

ANEXO II. UVAS

Airén (blanca)
Esta cepa blanca cuenta con otras denominaciones: Lairén, Manchega, Forcayat, Valdepeñera, etcétera. Es la variedad más abundante de la geografía vitivinícola española, ocupando más del 32 % de los viñedos, y se localiza especialmente en territorios castellano-manchegos. Los racimos de Airén se caracterizan por su gran tamaño, sus granos sueltos, gruesos y esféricos, de marcada tonalidad amarillenta, el hollejo de grosor medio y la pulpa de color blanco. Produce exquisitos vinos blancos y claretes (rosados), también de alta calidad, que se consiguen al mezclarse con uvas tintas.
   — Grado alcohólico: Medio-alto
   — Acidez: Media
   — Aromas: Neutros, en términos generales, pero con las nuevas vinificaciones algunos vinos sorprenden por su carácter frutal y fresco

Alarije (blanca)
Variedad de uva blanca que abunda en la comunidad extremeña, especialmente en la zona vitivinícola de Cañamero.
   — Grado alcohólico: Alto
   — Acidez: Baja
   — Aromas: Bastante plana en aromas, con un ligero fondo frutal

Albarello (blanca)
Se trata de una variedad de uva blanca, de cultivo escaso, exclusiva de Galicia, en la comarca vitivinícola de Ribera de Ulla. Se caracteriza por sus caldos aromáticos de gran carácter.
   — Grado alcohólico: Bajo
   — Acidez: Alta
   — Aromas: Cítricos y frescura son sus aromas típicos

Albariño (blanca)
No tiene nada que ver con la anterior, a pesar de la similitud del nombre. Esta variedad, igualmente autóctona de Galicia, es la cepa fundamental de la DO (Denominación de Origen) Rías Baixas. Los racimos son pequeños, con granos asimismo pequeños, semisueltos y de forma ovalada, de color verde-amarillento. La pulpa es jugosa.
   — Grado alcohólico: Suele ser superior a los 11,5°
   — Acidez: Alta
   — Aromas: Excelente uva que da aromas intensos a manzana y, durante la evolución en la botella, a laurel. En algunos, con un fondo que puede recordar a terpenos (petróleo), según el terruño, de tacto graso y sabor persistente

— Buqué: Mejor el aportado mediante la crianza con lías en grandes barriles de madera o inox, aunque existen fermentaciones en barrica que dan una fruta fresca, melosa, también laurel y algo más marcado de especias

Albillo o Albilla (blanca)
Esta variedad recibe asimismo otras denominaciones: Acerba, Albuela, Blanco Ribera, Canalón, Nieves Temprano, etcétera. Se trata de una de las más emblemáticas cepas españolas. Su cultivo está generalizado en diferentes áreas geográficas: las dos Castillas, Extremadura, Madrid, Galicia... Sus racimos son pequeños, con granos apretados de escaso tamaño y color dorado con manchas marrones; el hollejo es grueso y la pulpa jugosa y translúcida. Produce vinos dorados, de gran riqueza aromática. Variedad de futuro.

— Grado alcohólico: Medio-alto
— Acidez: Moderada
— Aromas: Se destacan los aromas a monte bajo y algo herbáceos con un fondo frutal de fruta blanca carnosa
— Buqué: Confituras de frutas blancas y notas especiadas

Alcañón (blanca)
Cepa característica de la DO Somontano. Produce vinos blancos ligeros de marcado carácter y equilibrada graduación alcohólica.
— Grado alcohólico: Moderado
— Acidez: Baja
— Aromas: Muy planos

Alicante (tinta)
Esta variedad se corresponde con la Garnacha Tintorera.
— Grado alcohólico: Alto
— Acidez: Media-baja
— Aromas: A ciruela pasa (confituras) y fondos florales
— Buqué: Notas de caramelo y arropes con fondos especiados

Aragón (tinta)
De esta forma se conoce a la variedad Garnacha en las áreas vitivinícolas de Castilla y León y Aragón, principalmente. Se trata de una uva tinta que produce vinos de exquisito buqué.
— Grado alcohólico: Alto
— Acidez: Baja
— Aromas: A frutos rojos como ciruelas y cerezas (mermeladas)
— Buqué: Arropes, notas a tabaco, etcétera

Baladí (blanca)

También Baladí Verdejo, Belledy, Jaén Blanco, Jaén Prieto, Mariouti, Verdeja... Características de Andalucía y uno de los pilares de los vinos de la DO Montilla-Moriles. Abunda en la zona de Albondón (Alpujarra granadina). Sus racimos son grandes y algo sueltos los granos, de color amarillento y con hollejo grueso.
— Grado alcohólico: Alto
— Acidez: Baja
— Aromas: Florales algo planos

Blanca Cayetana (blanca)

Se conoce también como Cayetana, Cayetana Blanca, etc. Cepa autóctona de la comunidad extremeña, también se cultiva en otras latitudes, como Castilla-La Mancha y Valencia. Sus racimos son algo compactos y de tamaño medio. Los granos, esféricos, tienen un marcado color dorado, mientras que el hollejo es crujiente y jugoso.
— Grado alcohólico: Medio
— Acidez: Baja
— Aromas: Muy planos

Bobal (tinta)

Cuenta con diferentes denominaciones: Coreana, Provechón, Tinto de Zurra, Tinto de Requena y Valenciana Tinta. Es una de las variedades más abundantes en la Comunidad Valenciana. Se cultiva asimismo en Castilla-La Mancha. Sus racimos son compactos, con granos medios de color negro-azulado, de piel gruesa y pulpa muy jugosa. Los vinos tintos que produce se caracterizan, especialmente, por su vivo color, de mediana acidez, graduación alcohólica media-alta (entre 10,5º y 13º) y están especialmente indicados para ser criados en barricas de roble. Las vides también producen caldos rosados de suma ligereza, frescos y de sabor afrutado.
— Grado alcohólico: Medio
— Acidez: Alta
— Aromas: de frutos silvestres unidos a notas herbáceas suaves y agradables. Los nuevos vinos son espectaculares
— Buqué: Vinos carnosos y tánicos que se funden con la madera para ofrecer aromas melosos de bayas y monte bajo junto a cueros finos, tabaco y algo de trufa que se están convirtiendo en referentes de crianza

Borba (blanca)

Especialmente cultivada en zonas de Extremadura. Se trata de una cepa que da lugar a vinos blancos de baja calidad, aunque de alta productividad.
— Grado alcohólico: Alto
— Acidez: Baja
— Aromas: Muy planos

Brancellao (tinta)

Variedad de uvas tintas que tiene numerosas denominaciones: Alvarello, Brancello, Brencellao, Uva Gallega, Uva Negra, etcétera. Es otra de las cepas autóctonas de Galicia, de cultivo no muy intenso en las provincias de Orense, Pontevedra y, en Castilla y León, en el noroeste de Zamora. Se trata de una de las variedades más importantes de las DO Rías Baixas y Ribeiro. Sus racimos son de tamaño medio y algo compactos. Los granos, de color azul oscuro, tienen forma ovalada y la pulpa es sumamente jugosa.

— Grado alcohólico: Equilibrado
— Acidez: Alta
— Aromas: A frutos negros silvestres
— Buqué: Notas especiadas con confitura de guindas y tabaco

Cabernet Franc (tinta)

Se trata de una de las variedades de mayor renombre internacional, originaria de la región de Burdeos. Importada, por tanto, de Francia, es una cepa abundante en Cataluña. Produce vinos aromáticos, con tonalidad a frambuesa y algunos recuerdos buconasales a espino. Es algo menos tánica que la Cabernet Sauvignon.

— Grado alcohólico: Medio-alto
— Acidez: Media-alta
— Aromas: Se destaca la amabilidad frente a la Salvaje Sauvignon. En climas fríos, junto a los aromas típicos como son frambuesa y grosellas, resaltan las notas herbáceas pero fragantes. En climas cálidos, las notas de frambuesa y grosella son más maduras y aunque de taninos más dulces, también expresan fragancia
— Buqué: Son idóneos con corta crianza, o bien en coupage con otras uvas. Sin embargo, en el centro de Francia sus taninos son flexibles y afrutados con los típicos herbáceos que casan bien con los aromas de madera. En climas más soleados, la confitura y el cuero ligero, junto a pequeñas especias, hacen su estilo

Cabernet Sauvignon (tinta)

Como la anterior, es tinta y de origen francés, exactamente del sudoeste (Burdeos) y otros viñedos galos. Se trata de una de las variedades más cultivadas en el mundo, que abunda en diferentes áreas de nuestra geografía, especialmente en Navarra, Cataluña y Ribera del Duero. Esta singular cepa produce vinos de marcado cromatismo y tánicos, de larga crianza. Los aromas recuerdan al pimiento verde, evolucionando hacia fragancias de sotobosque.

— Grado alcohólico: Medio-alto
— Acidez: Alta
— Aromas: Pirazínicos y moras como base, aunque varían según el clima. En zonas frías, huele a fruta menos madura, toques herbáceos, recuerdos a pimiento y retama, eucalipto y menta, grosellas y moras crudas, pimienta negra y taninos un tan-

to vegetales. En zonas cálidas, a fruta más madura, recuerdos a pimientos rojos asados (pirazinas), zarzamora, casis maduro, regaliz, pimienta, monte bajo, taninos carnosos y marcados, etcétera. Los aromas más mentolados suelen proceder de climas donde el contraste térmico (día-noche) es muy acusado, como Chile, Argentina y algunas zonas de Australia y España

— Buqué: Muy variado en función del roble, pero se destacan los aromas a moras maduras, tabaco, regaliz, casis dulce, cedro y un leve carácter terroso que, unidos a los toques mentolados y las vainillas de la madera expresan una mayor frescura con trufa y aromas de caza en largos envejecimientos

Caiño (blanca y tinta)

Cuenta con algunas otras denominaciones, entre ellas Borrasao. Es una variedad de uvas tintas. Caiño es autóctona de Galicia, donde se cultiva en abundancia. Sus racimos, en la versión tinta, son pequeños, y los granos, sueltos, de color negro azabache. Produce vinos de color muy oscuro. Los aromas varietales son sumamente característicos. Es típica de las DO Ribeiro y Rías Baixas.

— Grado alcohólico: Medio
— Acidez: Alta
— Aromas: A casis y guindas
— Buqué: Aromas que recuerdan a las confituras de frutos negros y a especias

Calagraño (blanca)

Una de las más antiguas variedades de la comunidad de La Rioja. Se conservan pocas vides, localizadas especialmente en San Asensio y lugares próximos. Produce vinos blancos, de poca calidad, aunque aptos para la crianza.

— Grado alcohólico: Alto
— Acidez: Baja
— Aromas: A frutas blancas

Caladoc (tinta)

Está plantada en zonas como Priorat, Tarragona y Jumilla, aunque su calidad demostrada hará que se plante en otras zonas. Variedad de uva, fruto del cruce entre una Garnacha Tinta y una Cabernet Sauvignon.

— Grado alcohólico: Alto
— Acidez: Alta
— Aromas: profundos aromas a pimienta, moras, ciruelas y toques florales y especiados. Buen tanino y acidez que con la crianza da aromas de caza, trufa y fruta negra silvestre
— Buqué: Arropes, curry, notas especiadas y tabaco con finos cueros

Callet (tinta)

Variedad tinta típica de Binissalem (Mallorca). Suele utilizarse en coupage con otras variedades tintas, pero en la actualidad se están elaborando vinos monovarietales con unos resultados excepcionales.

— Grado alcohólico: Medio-alto
— Acidez: Media-alta
— Aromas: Intensos a frutos negros, especias y laurel
— Buqué: Confitura de frutos rojos y negros, con notas de especias, laurel y curry

Cariñena (tinta)

Conocida internacionalmente como Carignan, cuenta con otras denominaciones: Mazuela, Crujillón, Samsó, etcétera. Variedad autóctona de la geografía española, es cultivada en diferentes regiones, como Cariñena, Tarragona, Priorat y La Rioja. Es una de las vides más antiguas de Occidente, ya que sus primeras referencias se remontan a 500 a. J.C. Sus racimos son pequeños y compactos, con granos esféricos de color morado, hollejo grueso y carne jugosa. Los vinos que producen estas vides son tintos finos, de marcado equilibrio, suficiente acidez y graduación alcohólica media; son especialmente aptos para la crianza en barricas de roble.

— Grado alcohólico: Alto
— Acidez: Alta
— Aromas: Resaltan sus aromas a frutos negros y algo de violetas junto a notas de regaliz, con una buena acidez y unos taninos marcados y frutales y fondos ligeramente herbáceos. En zonas más cálidas de la Península y en vinos clásicos, la fruta se expresa con demasiada madurez, en el Priorat se destacan sus aromas minerales de piedra seca y, en zonas del sur de Francia, las notas herbáceas son más llamativas
— Buqué: Según el tipo de roble y la elaboración, siempre está marcado por las notas de regaliz y flores rojas, junto a notas especiadas y tabaco, cueros, confituras y cerezas en licor en función del sol y el suelo

Chardonnay (blanca)

Algunas DO hispanas (Cava, Navarra, Somontano, Costers del Segre, etcétera) la tienen como cepa básica de sus preciados caldos. Variedad blanca procedente de la región francesa de Borgoña. La Chardonnay es la variedad más apta para la crianza de los caldos blancos; de ella proceden los más reputados vinos blancos del orbe.

— Grado alcohólico: Medio-alto
— Acidez: Moderada en climas cálidos y vigorosa en los fríos
— Aromas: Minerales como el ámbar, según terruños. En climas fríos, a frutas más ácidas que recuerdan a melón, almendra, manzana, melocotón blanco y nectarina. En climas cálidos, a fruta madura como plátano, piña, melocotón y algo de fruta tropical, como maracuyá. En el litoral del Mediterráneo, y bajo su acción, exceso de madurez y vinosidad

— Buqué de crianza: Mantequilla, melosos, frutos secos, notas de caramelo, fondos tostados, etcétera

Chelva (blanca)

Cuenta con diferentes denominaciones: Chelva de Cebreros, Chelva de Guareña, Mantúa, etcétera. Es una variedad de uvas blancas originaria de Extremadura, pero su cultivo se extendió por las tierras de Cádiz, Ciudad Real, Toledo y Ávila. Sus racimos presentan gran formato, medio compactos. Los granos son grandes, de tonalidad verde pálido. El hollejo es fuerte y la pulpa blanda. Produce vinos de color pardo-pajizos, con tendencia a envejecer en velo de flor.
— Grado alcohólico: Moderadamente alto
— Acidez: Media
— Aromas: De carácter floral, pero algo planos

Chenin (blanca)

Variedad de uva blanca de origen francés (Val de Loire), con la que se producen vinos aromáticos aunque excesivamente ácidos. También se cultiva en el Penedès y el Somontano oscense.
— Grado alcohólico: Medio-alto
— Acidez: Alta
— Aromas: En climas fríos, a fruta ligeramente madura, como manzana verde, limón o membrillo. En climas cálidos, a fruta más madura como uva, manzana, membrillo, limón y especias
— Buqué: En botella suelen aparecer aromas que recuerdan a miel, cera, almizcle y lanolina. Gracias a la madera se enriquecen con notas especiadas y tostadas. En botella tiene la mejor evolución. Con botritis destaca a uva pasa, mazapán, confitura de membrillo y especias blancas

Espadeiro (tinta)

Se trata de una variedad de uva tinta autóctona de Galicia, de escaso cultivo, aunque de alta calidad. Es la cepa secundaria de la DO Rías Baixas.
— Grado alcohólico: Medio
— Acidez: Alta
— Aromas: Silvestres que recuerdan los frutos negros
— Buqué: Marcado por los frutos rojos silvestres en confituras, fondos especiados, tabaco, etcétera

Esquitxagos (blanca)

Cepa de uva blanca muy abundante en el Baix Ebre catalán (Costa Daurada) y también en Sant Mateu (Maestrat y Castellón). Posiblemente se corresponda con la variedad Merseguera, que fue adaptada a estos territorios del Levante.

— Grado alcohólico: Alto
— Acidez: Media
— Aromas: A frutas blancas

Ferrón (tinta)
Se trata de una variedad poco extendida, localizada en Galicia, concretamente en los viñedos de la DO Ribeiro, de cuyos vinos constituye una variedad secundaria.
— Grado alcohólico: Medio
— Acidez: Media
— Aromas: A frutas negras poco maduras y fondos florales

Fogoneu (tinta)
Típica de Felanitx (Mallorca). Es una cepa que produce vinos tintos, ligeros, ácidos y afrutados.
— Grado alcohólico: Medio-alto
— Acidez: Media
— Aromas: Frutales que recuerdan las frutas negras maduras
— Buqué: Confituras y frutos negros cocidos con fondos especiados

Forastera (blanca)
Variedad localizada fundamentalmente en la isla de La Gomera (Canarias). Produce vinos blancos de gran calidad, equilibrio y aromas muy afrutados.
— Grado alcohólico: Alto
— Acidez: Media
— Aromas: A frutas blancas carnosas

Forcayat (tinta)
Variedad autorizada en la DO Valencia. Se caracteriza por una gran producción de vinos tintos.
— Grado alcohólico: Alto
— Acidez: Media
— Aromas: A frutas del bosque, algo planos

Furmint (blanca)
Es la variedad típica de la zona de Tokaji (Hungría) y la variedad reina en los vinos de botritis.
— Grado alcohólico: Medio-alto
— Acidez: Elevada
— Aromas: Interesante variedad que en vinos secos expresa una alta acidez con una potencia frutal que recuerda la ciruela blanca y un fondo floral. Ligeramente picante. En uvas botritizadas es donde expresa un mayor potencial, recordando las

cáscaras de naranja, las pasas, el caramelo y las confituras acídulas unidas al frescor de su alta acidez

— Buqué: Varía según el tipo de vino (seco o dulce), pero siempre está marcada por los cítricos frescos caramelizados y las especias blancas

Gamay (tinta)

Se conoce como Gamay Tinta de zumo blanco. Es la variedad típica de los vinos de la zona del Beaujolais (Francia).

— Grado alcohólico: Bajo

— Acidez: Alta

— Aromas: Marcan siempre la frescura y los frutos rojos como cerezas y fresas; florales como violeta, y los caramelos y chicles de plátano en la maceración carbónica. En los grandes Beaujolais, en algunos de guarda, la frescura siempre permanece con aromas que recuerdan la mermelada de fresas y recuerdos a casis

— Buqué: En los vinos sometidos a crianza (Crus) su comportamiento es totalmente diferente, destacándose un buqué fino con vinos carnosos y elegantes donde resaltan el tabaco, la confitura de pequeñas frutas de bosque, la violeta, la sedosidad, etcétera; por ejemplo, Moulin-à-Vent

Garnacha Blanca (blanca)

Se trata de una variedad de uva blanca, procedente de Aragón, que está muy extendida por nuestra geografía vitivinícola, especialmente en zonas como Tarragona, Teruel y Zaragoza; además, es la cepa más característica de DO como Alella, Tarragona, Costers del Segre y Terra Alta. Produce vinos con cuerpo y elevada graduación alcohólica.

— Grado alcohólico: Alto

— Acidez: Media-baja

— Aromas: Suelen marcar las frutas blancas carnosas como la manzana, el heno y el melón. Ideal cuando se acompaña de otra uva de mayor acidez

— Buqué: Los de Terra Alta son los más sorprendentes, en los que se destacan aromas a frutas blancas muy maduras y un fondo meloso en crianzas cortas

Garnacha Tinta (tinta)

Conocida también como la productora del vino tinto de Aragón, de cuya comunidad es originaria. Es la variedad que tiene mayor presencia en el viñedo español, sobre todo en Aragón, las dos Castillas y el Alt Ebre. Es la cepa principal de las DO Empordà-Costa Brava, Calatayud, Campo de Borja, Cariñena, La Mancha, Méntrida, Penedès, Priorat, Somontano, Tarragona, Terra Alta, Utiel, Requena, Valedoras y Vinos de Madrid. Los racimos son compactos y de tamaño medio; los granos son negros, el hollejo fino y la carne jugosa. Los vinos que produce la Garnacha Tinta ofrecen una amplia gama de caracteres, distinguiéndolos un aroma frutal cuando son jóvenes.

— Grado alcohólico: Alto

— Acidez: Baja

— Aromas: Buen potencial de aromas marcado por la frambuesa, la ciruela, el regaliz y toques de anís con un contraste entre dulce y picante que llena la boca

— Buqué: Muy marcado por la madurez de la fruta, la concentración moderna y la complejidad que aporta el regaliz y el anís unido a las crianzas (vainillas, clavo, té, tabaco, etcétera)

Garnacha Tintorera (tinta)
Cuenta también con otras diferentes denominaciones: Alicante, Moratón, Tintorera... Se trata de una cepa de cultivo muy antigua, originaria de la Comunidad Valenciana, desde donde se extendió por toda la Península (Galicia, las dos Castillas, Aragón, Levante, etcétera). Es la cepa principal de la DO Almansa. Sus vinos, procedentes de las pocas uvas que tienen la pulpa coloreada, se emplean especialmente para reforzar la calidad de otros caldos.

— Grado alcohólico: Alto

— Acidez: Media-baja

— Aromas: Se destacan la ciruelas pasas y las frutas rojas en licor

— Buqué: En función del tipo de vino es muy diferente. En las elaboraciones clásicas, el nivel de oxidación y de fruta pasa está muy marcado; en cambio, los nuevos vinos expresan violetas junto a unas confituras frescas aderezadas con notas de crianza como vainilla o té

— Buqué: Notas de caramelo y arropes con fondos especiados

Garrido Fino (blanca)
Variedad de uva blanca que tiene otra denominación: Palomino Garrido, autóctona de Andalucía. Es la variedad principal de la DO Condado de Huelva. Sus racimos, grandes y sueltos, cuentan con granos de tamaño medio y color ámbar, hollejo grueso y pulpa carnosa.

— Grado alcohólico: Moderado

— Acidez: Baja

— Aromas: Singular aroma que recuerda la almendra

Garró (tinta)
Variedad del Mediterráneo muy antigua y casi extinta, recuperada por Bodegas Torres y adaptada perfectamente en la Conca de Barberà. Unida a otras variedades tintas produce vinos realmente complejos.

— Grado alcohólico: Medio-alto

— Acidez: Alta

— Aromas: Aunque sólo existe una viña en producción (Grans Muralles), es una variedad que expresa calidad en sus vinos marcados por aromas que recuerdan las grosellas, frambuesas y pequeñas especias con fondos florales y algo de laurel

— Buqué: Expresa especies finas y marcadas, unido a frutos maduros del bosque y suaves confituras mediterráneas, más tabaco, cuero fino, té y tostados cálidos envolventes con taninos dulces y carnosos

Gewürztraminer (blanca)
Variedad de uva blanca procedente de Alsacia, con la que se producen vinos de marcado aroma, cuerpo y sabor buco-nasal a raíces y especias. En España se localiza en las DO Somontano y Penedès, principalmente.
— Grado alcohólico: Alto por naturaleza
— Acidez: Media
— Aromas: Intensos, perfumados y plenos. En climas fríos, son aromas florales, marcados por la lavanda y la rosa, y aromas frutales de frutas tropicales. En climas cálidos, recuerda a fruta madura con perfume de rosas, lichis, papaya, maracuyá, algo de geranio y caramelo
— Buqué: Según qué vinos, en los de botritis y en grandes años, notas de cacao, pan tostado y cítricos caramelizados y, en vinos secos o semi-secos; la reducción en botella aporta sabores melosos, destacándose la pimienta blanca y el pan tostado

Godello (blanca)
Variedad de gran potencial aromático que produce vinos blancos de alta calidad. Es una cepa autóctona de Galicia, donde se está potenciando la plantación por sus singulares características. Es la variedad más importante de las DO Valedoras y El Bierzo.
— Grado alcohólico: Medio-alto
— Acidez: Alta
— Aromas: Se destaca por un sabor agridulce con unos aromas que recuerdan a manzana y frutas blancas ácidas. En la crianza con lías en inox resalta su frescura y carnosidad frutales.
— Buqué: Muy agradable el aportado en botella, pero los últimos fermentados en barrica expresan cremosidad, frescura y un potente fondo frutal

Graciano (tinta)
Originaria de La Rioja y Navarra, esta variedad de ancestral cultivo no tardó en extenderse por todo el Alt Ebre y también por Aragón. Utilizada principalmente para mezclas en la DO Navarra y La Rioja. Los racimos son grandes y compactos, con granos esféricos de tamaño medio y azulados. Es una variedad que gusta de suelos calizos (arcillosos). Produce vinos tintos muy equilibrados, de mediana graduación, ácidos y sumamente adecuados para ser criados en roble.
— Grado alcohólico: Medio (entre 12º y 14º)
— Acidez: Alta
— Aroma: Intensos aromas a frutos rojos y negros (cerezas, moras y grosellas). También suelen destacarse aromas orgánicos en algunas viñas

— Buqué: En crianza destacan los aromas a confituras de ciruelas, con notas especiadas y fondos silvestres —en función de la maduración—. La madera le aporta elegancia y equilibrio que se ve enriquecido con las notas del roble (humo, té, clavo, vainillas, etcétera)

Grau (tinta)

Autóctona de Galicia, es una cepa que da uvas autorizadas para los tintos de la DO Valedoras. Su cultivo es muy escaso.
— Grado alcohólico: Medio
— Acidez: Media
— Aromas: Florales y de frutas negras ácidas

Hondarribia Zuri (blanca)

Variedad típica y autóctona de la zona de Guetaria, utilizada para la elaboración del Txacoli. Se supone que es un clon de la uva Corbu.
— Grado alcohólico: Bajo
— Acidez: Alta
— Aromas: Produce vinos frescos y afrutados, marcados por aromas que recuerdan a manzana verde y hierbas verdes

Jaén (tinta)

Cuenta con otras denominaciones: Clagraño, Cirial, etcétera. Es una variedad de cepas de uva tinta muy productiva, que se localizan en lugares muy dispares de la geografía española vitivinícola: sur de Extremadura, Canarias, Andalucía oriental (Granada), Toledo y Madrid.
— Grado alcohólico: Alto
— Acidez: Baja
— Aromas: Muy ligeros. Cobran importancia los que recuerdan a ciruelas

Juan García (blanca)

Variedad autóctona de la comarca zamorana de Fermoselle, donde es mayoritaria, así como de Ribera de Salamanca. Produce vinos tintos de gran calidad, especialmente cuando son jóvenes.
— Grado alcohólico: Medio-alto
— Acidez: Media-alta
— Aromas: Otra de las uvas españolas recuperadas que sorprende por la frescura de sus aromas a frutos rojos y su toque caramelizado con fondos florales
— Buqué: En cortas crianzas expone un toque de cuero fino, violetas y aromas frutales confitados muy frescos

Juan Ibáñez (tinta)
Tiene diversas denominaciones: Concejón, Corcejón, Moristel, Vidau Fino, etcétera. Originaria de Aragón, se extendió por diversas áreas de la geografía vitivinícola española (las dos Castillas, la Comunidad Valenciana...). Sus vides se caracterizan por racimos de tamaño medio, granos esféricos de color azul oscuro y pulpa crujiente. Cuando son jóvenes, estos vinos son muy aromáticos y algo astringentes. Ideal para jóvenes o crianzas muy cortas.
— Grado alcohólico: Medio (entre 12° y 14°)
— Acidez: Media
— Aromas: Aunque se vinifica sola en poco lugares, sus vinos son agradables y joviales, y expresan frutas silvestres como zarzal y grosellas con leves toques silvestres

Lado (blanca)
Es una de las variedades principales de la DO Ribeiro, a pesar de que no goce de excesivo nombre. Produce vinos blancos y ligeros.
— Grado alcohólico: Bajo
— Acidez: Alta
— Aromas: Sabrosos aromas a frutas blancas ácidas

Liaren (blanca)
Se trata de una variedad parecida a la Airén, que produce uvas blancas autorizadas en la DO Montilla-Moriles.
— Grado alcohólico: Alto
— Acidez: Baja
— Aromas: Muy planos

Listán (blanca)
Conocida también como Palomino, esta variedad es genuina de los finos de Jerez de la Frontera, así como de otras zonas andaluzas (Córdoba, principalmente), de Canarias y diversas regiones de la Península. Sus cepas producen uvas que dan excelentes vinos blancos.
— Grado alcohólico: Medio-alto
— Acidez: Media
— Aromas: Ligeros y punzantes que recuerdan a las almendras amargas
— Buqué: Es en crianza bajo velo donde expresa su vivacidad en vinos como los finos y las manzanillas

Loureira (blanca)
Esta variedad de uvas blancas cuenta con otras denominaciones: Loureiro, Marqués, Márquez, etcétera. Es autóctona de Galicia y abunda en la provincia de Pon-

tevedra. Con ella se elabora la DO Rías Baixas, pero también se encuentra en otras regiones hispanas: las dos Castillas, Aragón y el valle del Duero. Sus vides proporcionan pequeños racimos de uvas redondas de color ámbar. Con ellos se elaboran unos vinos ácidos y frescos, de color pardo-verdoso, muy agradables en el paladar.

— Grado alcohólico: Medio

— Acidez: Alta

— Aroma: Uva de calidad típica de Galicia. Con marcados aromas florales y frutales que recuerdan a las manzanas maduras con un frescor elegante

Macabeo (blanca)

Conocida con varios nombres, es una variedad de cepa de gran implantación en la viticultura hispana: Alcañón, Viura, etcétera. Cepa originaria de Aragón, pero está muy extendida también en Cataluña, Alto Ebro, Comunidad Valenciana y Ribera del Duero. Se trata de la variedad más importante en DO como La Rioja, Cava, Conca de Barberà, Navarra, Penedès, Tarragona, Terra Alta, Calatayud y Costers del Segre. Se trata de una cepa muy productiva, con racimos muy compactos y de tamaño mediano, granos pequeños y redondos, de color amarillo brillante. Con ellos se elaboran unos vinos blancos frescos, equilibrados y ácidos, de color amarillo pálido.

— Grado alcohólico: Medio-alto

— Acidez: Moderada

— Aromas: Principalmente frutales que recuerdan las manzanas golden y los cítricos, como la lima, con un fondo floral

— Buqué: En crianzas cortas, destaca un fondo de manzana madura unido a los aromas de la madera

Malbec (tinta)

También se la conoce como: Cahors, Auxerrois, Cot, etcétera. Variedad de cepa originaria del sudoeste de Francia. Se encuentra en la DO Ribera del Duero, y cada vez más en otras regiones de nuestra geografía. Con ellas se producen exquisitos vinos tintos, ricos en matices y tanino; sus cualidades son aprovechadas tradicionalmente para añadirlas a los vinos de Burdeos. Sus caldos son más tiernos que los Cabernets, aunque mucho menos aromáticos.

— Grado Alcohólico: Medio-alto

— Acidez: Alta

— Aromas: En climas fríos, aromas vivos y vino nervioso y potente, destacando las ciruelas negras notas silvestre y algo herbáceas. En climas cálidos y en altura expresan uvas con notas de pasas, mermelada de zarzamora, alquitrán y chocolate negro, con un fondo herbáceo agradable y chispeante

— Buqué: La madera nueva es acompañada por confituras y especias con tabaco y complejidad. En Argentina destacan los aromas a alquitrán, chocolate, cuero y aromas plenos de zarzamora, carnosos y afrutados

Malvar (blanca)

Se trata de la variedad más abundante en la DO Vinos de Madrid, así como en otros puntos de la meseta castellana (Guadalajara, Toledo, etcétera). Produce vinos blancos, de color amarillo pajizo, ligeros, aterciopelados, de agradable perfume y equilibrada acidez.

— Grado alcohólico: Alto
— Acidez: Media
— Aromas: Muy ligeros y planos a frutas blancas

Malvasía (blanca)

Su denominación griega era Monenvasia; en Valencia se conoce como Valentino. Una de las variedades más antiguas, llegada de Grecia e implantada con éxito en numerosas áreas de nuestra geografía, singularmente en Canarias, donde goza del mayor prestigio, así como en la Comunidad Valenciana, Zamora, La Rioja y en puntos muy concretos de Cataluña, como Sitges.

— Grado alcohólico: Medio-alto
— Acidez: Media
— Aromas: Principalmente a miel y cítricos, debido a su riqueza en azúcares en vinos melosos
— Buqué: Ideal la evolución en botella o barricas pequeñas, con uvas pasas o sobremaduras, donde los aromas a miel y dulce de membrillo son incluso elegantes

Malvasía de Rioja (blanca)

Variedad de uvas blancas con otras denominaciones: Blanca Rioja, Blanco Fino, Blanquirroja, Rojal, Rojal Blanca, Suavidad, Subirat Parent, Uva de Arroba... Es una cepa originaria de La Rioja Alta y Navarra, que no tardó en extenderse a otras zonas: Cataluña, las dos Castillas, Aragón y Canarias. Los racimos son sueltos y medianos, los granos redondos, de color ámbar, con los cuales se elaboran vinos blancos equilibrados, de color amarillo pajizo, y cuando son jóvenes, sumamente aromáticos.

— Grado alcohólico: Alto
— Acidez: Media
— Aromas: Agradables que recuerdan la miel
— Buqué: En crianza destacan los aportados por la madera

Manto Negro (tinta)

Variedad de uvas tintas originarias del archipiélago balear. Es la cepa principal de la DO Binissalem. Con ella se elaboran vinos ligeros y de marcado equilibrio.

— Grado alcohólico: Alto
— Acidez: Media-alta
— Aromas: A frutos rojos maduros con toques caramelizados
— Buqué: Además de los de la madera, aromas muy especiados y de arrope

Mantúa (blanca)
Variedad de uvas blancas que cuenta con diferentes denominaciones: Mantúo de Sanlúcar, Mantúo de Jerez y Mantúo Vigiriego. Se trata de una vid originaria de la provincia de Granada, extendida por el resto de Andalucía y algunos viñedos de Castilla y León. Son característicos sus racimos grandes y compactos, sus granos redondos y medianos y de color amarillento. Las cepas producen vinos de color pajizo y aromas primarios de mediana intensidad.
— Grado alcohólico: Alto
— Acidez: Baja
— Aromas: A frutas rojas maduras

Marqués (blanca)
Véase Loureira

Marssanne (blanca)
Una de las grandes variedades blancas del Ródano francés, que produce vinos de gran longevidad.
— Grado alcohólico: Alto
— Acidez: Media-alta
— Aromas: A melocotones maduros, almendras y peras
— Buqué: Con buen envejecimiento y, en ocasiones, en barrica aparecen aromas que recuerdan la madreselva y al limón maduro junto a especias y tostados

Mazuela (blanca)
Véase Cariñena

Mencía (tinta)
Variedad de cepas tintas que recibe otros nombres; Negra, principalmente. Originaria de la provincia de León, se extendió por buena parte de España, por ejemplo, a Galicia y a Cantabria. Es la variedad principal de las DO El Bierzo y Valedoras, y la secundaria de las DO Ribeiro y Rías Baixas. Los racimos sueltos y de tamaño medio tienen un color azul violáceo, hollejo grueso y pulpa blanca. Produce caldos frescos y ácidos, de moderada graduación alcohólica, sumamente afrutados cuando son jóvenes; las insolaciones les perjudican.
— Grado alcohólico: Medio-alto
— Acidez: Alta
— Aromas: Explosión frutal que recuerda las grosellas y frambuesas, toques especiados y vinos musculosos
— Buqué: En crianza destaca su elegancia, el combinado de frutas maduras frescas y las notas de tabaco, humo y las de la madera (humo, brea, vainilla y especias)

Merenzao (tinta)

Se trata de una variedad muy escasa de uvas que da vinos tintos. Aunque utilizada en la DO Valedoras, es poco frecuente en la vinificación.
— Grado alcohólico: Bajo
— Acidez: Alta
— Aromas: Muy florales y de frutas ácidas

Merlot (tinta)

Una de las variedades más extendidas del mundo. Procedente de Francia, en nuestro país su cultivo está generalizado en amplias áreas de Cataluña, Navarra y la Ribera del Duero. La carnosidad y complejidad de los suelos arcillosos del Pomerol los hace únicos en elegancia y matices. Produce vinos tintos, característicos por su singular aroma, tanto jóvenes como de crianza.
— Grado alcohólico: Alto
— Acidez: Media-baja
— Aromas: En general amables y afrutados. En climas fríos, fruta menos madura, recuerdos a grosella y frambuesa, pimiento (pirazinas), notas mentoladas, pimienta, hoja chafada y bayas rojas. En climas cálidos, fruta más madura, arándanos, frambuesa, ciruela, zarzamora, violetas, laurel y especias. En los climas con contrastes térmicos (noche-día), los mentolados y las notas de especias son más marcados
— Buqué: Ideal el maridaje de esta uva con la madera nueva, aunque existen buenos merlots de evolución sólo en botella, que expresan aromas a césped recién cortado y mantequilla. En buenas maderas expresan aromas marcados de caramelo, seta, trufa, especias exóticas (pimienta rosa) y casis

Merseguera (blanca)

Tiene otras denominaciones: Escagayos, Escanyavella, Esquitxagos, Gayata, Marisancha, Masadera, Planta Borda, Planta de Gos, Trová, Uva Planta, Verdosilla, etcétera. Originaria de la Comunidad Valenciana, esta vid también se cultiva en diversas comarcas catalanas y en las dos Castillas. Es la variedad principal de la DO Valencia, donde se producen vinos blancos. De gran resistencia a la sequía, y de maduración algo tardía. La Merseguera se caracteriza por sus racimos compactos y medianos, bayas redondas de color ámbar y hollejo grueso.
— Grado alcohólico: Medio (entre 12° y 13°)
— Acidez: Media
— Aromas: Intensos a frutas blancas carnosas y florales

Molinero (tinta)

Típica y autóctona de la zona de Bailén (Jaén), donde están casi todas las plantaciones de esta variedad. Produce vinos realmente sorprendentes y de futuro.
— Grado alcohólico: Alto

— Acidez: Media
— Aromas: Muy marcados a frutos negros

Moll (blanca)
Tiene otra denominación: Prensal. Es la variedad básica de los vinos blancos de la isla de Mallorca, muy frecuente en la DO Binissalem. Con ella se elaboran vinos blancos, famosos por su ligereza y equilibrio.
— Grado alcohólico: Alto
— Acidez: Media
— Aromas: Florales con un fondo frutal

Monastrell (tinta)
La cepa recibe numerosas denominaciones: Alcayata, Cayata, Garrut, Churret, Mataró, Negrelejo, Reina, Ross, Veremeta, Vermeta, Mouvedre, etcétera. Sin duda la variedad de uvas tintas más abundante en el litoral mediterráneo español y la principal de las DO Alicante, Almansa, Jumilla, Penedès, Valencia y Yecla. Es una variedad muy productiva, que da racimos compactos y medianos, de color azulado, hollejo grueso y grano redondo. También se elaboran con ella exquisitos vinos generosos.

— Grado alcohólico: Alto
— Acidez: Baja
— Aromas: Produce vinos potentes y afrutados muy glicéricos, marcados por aromas de uva muy madura y pasas y recuerdos a aceitunas negras. En los vinos modernos su concentración expresa algunas notas florales junto a una carnosidad excelente. En vinos dulces sorprenden sus aromas a confitura de tomate. Sólo acepta cortas crianzas que enriquecen el vino con los aromas aportados por la madera
— Buqué: Además de los de la madera, destacan notas que recuerdan la uva pasa con fondos ligeros de animales (cuero)

Moravia (tinta)
Esta variedad de uva tinta cuenta con otras denominaciones: Crujidera, Brujidera, Brujigero y Trujidero. Autóctona de Castilla-La Mancha, su cultivo se extiende por diversas áreas de La Mancha y la Comunidad Valenciana. Con ella se obtienen vinos de marcado color granate, limpios en el paladar y de afrutado aroma.
— Grado alcohólico: Medio (entre 11° y 15°)
— Acidez: Baja
— Aromas: Frescos a frutos rojos

Morisca (tinta)
Variedad de uvas tintas que tiene un cultivo muy delimitado en Extremadura, principalmente en la comarca de Cañamero.
— Grado alcohólico: Alto

— Acidez: Media
— Aromas: Muy vinosos con recuerdos a mermeladas

Moristel (tinta)
Variedad principal en la DO Somontano. Su cultivo se encuentra muy localizado en Aragón. Con estas vides se elaboran vinos agradables, y afrutados cuando son jóvenes (*véase Juan Ibáñez*).

Moscatel (blanca)
Esta variedad tiene en nuestro país numerosas denominaciones: Moscatel de Chipiona, Moscatel de España, Moscatel de Grano Gordo, Moscatel de Málaga, Moscatel de Valencia, Moscatel Flamenco, Moscatel Gorrón, Moscatelón, Moscatel Real, Romano y Pasa de Málaga. Originaria de Turquía, es una de las variedades más antiguas de la península Ibérica. Es la variedad principal de las DO Málaga y Valencia. Los racimos son sueltos y medianos, el hollejo grueso y la pulpa carnosa. Destinada a consumo de mesa, produce vinos ricos en azúcares, con inconfundibles aromas a miel y azahar y alta graduación.
— Grado alcohólico: Alto
— Acidez: Media-baja
— Aromas: Intensos y muy marcados, aunque algo bastos, que recuerdan el azahar, la uva pasa y los cítricos. Ideales los vinos de evolución en botella, aunque algunas crianzas en barriles pequeños resultan unos moscateles sedosos y con aromas a miel y confitura muy agradables
— Buqué: En las nuevas crianzas en madera destacan las notas de especias blancas y las vainillas

Moscatel de grano pequeño (blanca)
Variedad de uvas blancas, oriunda de regiones frías como Alsacia o Jura, en nuestro país se cultiva en áreas de Cataluña y la Comunidad Valenciana. De sabor muy aromático, con ella se elaboran vinos de tonos florales.
— Grado alcohólico: Medio-alto
— Acidez: Media-alta
— Aromas: Elegantes y finos, ligeramente herbáceos, marcados por el azahar, los lirios, el jazmín y los cítricos. En algunos lugares se dice que huele a almizcle
— Buqué: Ideal para evolución en botella, algunas crianzas en madera han sorprendido con notas almizcladas, unidas a las notas de la madera y los fondos melosos

Moza Fresca (blanca)
También se conoce como Valenciana y Doña Blanca. Variedad de uvas blancas que muchos relacionan con la Merseguera de la zona de Valedoras.

— Grado alcohólico: Bajo
— Acidez: Media-alta
— Aromas: Recuerdan a las frutas blancas frescas

Nebbiolo (tinta)
Una de las grandes uvas tintas italianas que dan como producto los especiales vinos de Barolo.

— Grado alcohólico: Alto
— Acidez: Alta
— Aromas: Uva de buenos taninos, cuyos vinos difieren mucho entre clásicos y modernos. En climas fríos, a fruta menos madura, notas florales, cereza roja y pimienta blanca. En climas cálidos, a fruta más madura, pétalo de rosa, cereza negra, ciruela, violetas y minerales. Los Nebbiolos clásicos son de menos color, pero muy elegantes y cercanos a un buen Borgoña. Los modernos son más intensos, carnosos y concentrados con notas tostadas de humo y alquitrán
— Buqué: Las grandes cubas de roble bosnio o de castaño exponen vinos clásicos con aromas de curry, muy astringentes, pero con una longevidad elegante. Los nuevos Barolos criados en barrica exponen vinos concentrados con afrutados picantes de cereza, maduros y dulces con notas de alquitrán, ricos y flexibles

Negra de Madrid (tinta)
Su cultivo está generalizado en zonas de las provincias de Madrid, Toledo y Zamora. Variedad de gran productividad, cuyas uvas tintas se destinan a la obtención de color.
— Grado alcohólico: Alto
— Acidez: Media
— Aromas: Muy planos, con recuerdos frutales

Negramoll (tinta)
Característica de algunas comarcas canarias, es la variedad principal de la DO Tacoronte-Acentejo (Tenerife). Esta uva tinta produce vinos ligeros, aromáticos y suaves, ideales cuando son jóvenes.
— Grado alcohólico: Alto
— Acidez: Media
— Aromas: Recuerdan los frutos rojos muy maduros

Negrillo (tinta)
Variedad tinta escasa y desconocida cuya plantación antigua se limita a zonas de la DO Terra Alta, en coupage con otras variedades produce vinos ricos en aromas, muy afrutados y con cuerpo.
— Grado alcohólico: Alto

— Acidez: Media
— Aromas: Muy intensos, marcados por los frutos rojos en confitura

Palomino (blanca)
Se la conoce también como Albán, Albar, Jerez, Jerez Dorado, Listán, Listán Aleves, Manzanilla de San Lúcar, Ull de Llebre, Orgazuela, Palomina, Palomino Fino, Palomino de Chipiona, Palomino del Pinchito, Temprana y Tempranilla. Esta variedad, de maduración tardía, es una de las más abundantes en nuestra geografía vitivinícola. Originaria de la provincia gaditana, no tardó en extenderse por el resto de Andalucía, Castilla y León, Galicia y Canarias. Variedad principal de las DO Jerez y Condado de Huelva, donde da lugar a grandes vinos generosos.
— Grado alcohólico: Medio-alto
— Acidez: Moderada
— Aromas: Ligeros y punzantes, con notas que recuerdan las almendras amargas. Es en la crianza bajo velo donde expresa su vivacidad en vinos como los finos y las manzanillas
— Buqué: Siempre los aportados por la crianza bajo velo

Pardillo (blanca)
Recibe otras denominaciones: Blanquillo, Marisancho y Pardilla. Originaria de la provincia de Albacete, su cultivo se extiende por toda Castilla-La Mancha. Variedad productora de afamados vinos blancos. Los racimos son compactos y de medio tamaño, con granos redondos, de color dorado. Los vinos son equilibrados y, cuando son jóvenes, contienen afrutados aromas.
— Grado alcohólico: Medio
— Acidez: Baja
— Aromas: Marcados por los recuerdos de manzanas

Parellada (blanca)
Es una de las variedades principales en la elaboración del cava, así como en las DO Conca de Barberà, Penedès, Costers del Segre y Tarragona. Idónea para vinos jóvenes. Variedad de uvas blancas que produce vinos de alta calidad, remarcables por su aroma y elegancia.
— Grado alcohólico: Bajo
— Acidez: Media
— Aromas: Elegantes y finos, marcados por la flor de viña y piel de melocotón

Parraleta (tinta)
Variedad de cepa autóctona de Aragón, de la cual se obtienen los tintos de la DO Somontano. Son caldos ligeros y aromáticos.
— Grado alcohólico: Medio-alto

— Acidez: Media-alta

— Aromas: Marcados por frutos silvestres como frambuesa, muy especiados y algo de arándanos con fondos silvestres

— Buqué: En cortas crianzas se enriquece con aromas de confitura, pimienta, algo de regaliz y los aportados por la madera

Pedro Ximénez (blanca)
Variedad de controvertido origen (el Valle del Rin, Canarias...), con la cual se obtienen afamados vinos blancos, como los de las DO Jerez, Málaga, Montilla-Moriles, Valencia, etcétera. Las vides, de color dorado-verdoso y piel fina, producen vinos endulzados por el sol.

— Grado alcohólico: Alto

— Acidez: Media

— Aromas: En estos vinos jóvenes destaca un agradable dulzor, pero su potencial es en vinos de uva pasa, donde los aromas a higos, pasas y chocolates son excelentes

Picapoll (blanca)
Se trata de una variedad de uvas blancas, cuyo cultivo se circunscribe a la comarca barcelonesa del Bages. Carnosa, de pulpa crujiente y vinos aromáticos y con cuerpo.

— Grado alcohólico: Medio-alto

— Acidez: Alta

— Aromas: Unido a su piel crujiente y gruesa, expresa unos aromas intensos que recuerdan las frutas blancas maduras, unidos a aromas florales frescos y herbáceos agradables

Pinot Noir (tinta)
Variedad de cepa tinta de origen francés (típica de Borgoña y Champagne), cuya reputación no puede ser más alta. Se trata de una vid de complicado cultivo, que prefiere los climas frescos y húmedos. En España se utiliza en las elaboraciones de los vinos tintos de las DO Penedès, Somontano, Costers del Segre, etcétera.

En nuevos viñedos y años complicados suelen ser vinos delgados, aunque éste es el carácter de su tanino, que suele ser más frutal bajo la calidez del sol.

— Grado alcohólico: Medio-alto

— Acidez: Alta

— Aromas: Finos y elegantes en los Grands Crus y Oregón, más maduros y florales bajo el sol. Dulces, sedosos y de encaje en los grandes pagos de Borgoña. En climas fríos es donde ofrece fruta menos madura (según año) con notas violeta, tomate, eneldo, grosella negra, frambuesa y menta con fondos ligeramente herbáceos en las frías noches de Oregón. En climas cálidos, fruta más madura que recuerda la cereza roja madura, casis maduro, cereza negra, flora y fondos herbáceos y de especias

— Buqué: Con una crianza ideal en tiempo, su buqué suele ser elegante, marcado por maleza, cuero fino, mantillo, setas, vegetal y aromas picantes y especiados con fondos florales y sedosos, sobre todo en los grandes pagos

Planta Fina (blanca)
También llamada Planta Pedralba, esta variedad de uvas blancas forma parte de la producción de la DO Valencia.
— Grado alcohólico: Medio
— Acidez: Media-baja
— Aromas: Frutales

Planta Nova (blanca)
Variedad de uvas blancas característica de la DO levantina de Utiel-Requena.
— Grado alcohólico: Alto
— Acidez: Media
— Aromas: Florales y frutales

Prieto Picudo (tinta)
Su producción se centra en amplias zonas de León, Valladolid y Zamora. Variedad de uva tinta con la que se elaboran vinos muy aromáticos, muy agradables y de ligero color. Con esta cepa se consiguen los característicos vinos de aguja leoneses.
— Grado alcohólico: Medio-alto
— Acidez: Alta
— Aromas: A frutos rojos (cereza y ciruela) con atisbos silvestres y frescos con buena estructura
— Buqué: La crianza une los aromas del roble a las confituras de frutos rojos, pero siempre muy frescos y en este caso especiados

Provechón (tinta)
Variedad de uvas tintas cuyo cultivo se extiende por zonas de Aragón y Extremadura.
— Grado alcohólico: Alto
— Acidez: Baja
— Aromas: Frutales maduros

Riesling (blanca)
Típica de los viñedos alemanes, esta variedad renana y alsaciana está muy extendida por todo el mundo. En España se encuentra principalmente en Cataluña (Penedès), Murcia y Aragón. De rendimiento variable, entre 40 y 80 hl/ha, produce vinos de gran calidad, longevos, finos y de aroma excelentes.
— Grado alcohólico: Medio, con alguna excepción de elevado en el Mediterráneo y similar

— Acidez: Alta y fresca por naturaleza

— Aromas: Muy mineral, según terruños, y de intensidad y complejidad que aumentan con la evolución. En climas fríos, aromas a fruta verde, como manzana y limón, y florales, como a la flor del almendro. En climas cálidos, los aromas son a miel y fruta madura que recuerdan el pomelo, el melocotón y la fruta tropical, unido a flores blancas. Con botritis, aromas a miel de acacia, almizcle y mermelada tropical

— Buqué de crianza: Tanto dulces como secos, son vinos longevos, marcando aromas a pan tostado, mantequilla, miel, queroseno, petróleo (más o menos marcado según terruño) y cera. Cuando hay botritis, se acentúa la miel y aumentan las especias y las notas almizcladas

Rossanna (blanca)
Variedad de reconocido prestigio y típica de los vinos blancos del Ródano, como Hermitage.

— Grado alcohólico: Medio-alto

— Acidez: Media-alta

— Aromas: Excelente calidad de uva, realmente compleja en nariz por su ricos matices frutales

— Buqué: Con la estancia en madera o sólo botella ofrece grandes vinos marcados por los aromas a frutos secos tostados, heno y almendras. Vinos longevos y realmente complejos y plenos

Rufete (tinta)
Localizada principalmente en la sierra salmantina, esta variedad produce vinos ligeros y de longevidades cortas en el estilo clásico, muy diferentes en el estilo al vino moderno.

— Grado alcohólico: Medio-alto

— Acidez: Media-alta

— Aromas: Muy afrutados que recuerdan frutas como arándanos y grosellas con fondos florales muy elegantes

— Buqué: En la crianza destacan las confituras, el tabaco, las especias, los balsámicos y los aportados por la madera

Samsó (tinta)
Variedad tinta y genuina del Penedès con escasa importancia, pero de gran futuro, de vinos con buena acidez y buen color.

— Grado alcohólico: Medio-alto

— Acidez: Alta

— Aromas: A frutos rojos silvestres con fondos de violeta y regaliz

Sangiovese (tinta)

Una de las variedades reina de Italia productora de los vinos de Chianti, muy similar al Tempranillo.
— Grado alcohólico: Medio-alto
— Acidez: Alta
— Aromas: A pétalos de rosa, té y ligeros toques aceitosos, siendo frescos, secos y elegantes (los nuevos vinos) con un toque dulce y amargo. Con buenas crianzas, los nuevos vinos exponen aromas a trufa, el dulce amargo, las frutas maduras pero frescas y las especias, además de los aportados por la madera (té, tabaco, cuero, humos, etcétera)

Sauvignon Blanc (blanca)

Variedad de uva blanca de origen francés, se cultiva mayoritariamente en la zona de Burdeos y los altos del Loire. Su cultivo está generalizado en las zonas de Rueda (Castilla y León) y Cataluña; últimamente también se reconoce en la Mancha y otras regiones.
— Grado alcohólico: Medio-alto
— Acidez: Alta
— Aromas: Minerales en terruños de pedernal y graníticos. En climas fríos, intensos aromas un tanto herbáceos que recuerdan las ortigas, hojas de grosellero y de zarzamora, uva y tropicales como lichis y boj, y orina de gato. En climas cálidos, frutas muy maduras y tropicales como fruta de la pasión, lichis maduros, guayaba y mediterráneos como higos y cítricos maduros
— Buqué: Según los terrenos puede aportar las notas a minerales, el almizcle blanco, especias y confituras de frutas tropicales

Semillón (blanca)

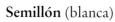

Originaria del Bordelés francés, es la uva típica de la zona de Gravés y del Sauternais, ideal tanto para vinos secos como para vinos de botritis.
— Grado alcohólico: Medio-alto
— Acidez: Media
— Aromas: Algo sosos de jóvenes, que alcanzan complejidad e intensidad con la edad. En climas fríos, a frutas poco maduras y recuerdos un tanto herbáceos como espárragos, ortigas, limón y fondo tropical. En climas cálidos, a fruta madura marcada por la manzana, el pomelo, la papaya y la nectarina

Souson (tinta)

Esta cepa también se conoce como Sousén, Souzón, Retinto, Tintilla y Negrón. Variedad tinta autóctona de Galicia, su área de plantación se sitúa en las provincias de Orense y Pontevedra. Se caracteriza por sus racimos pequeños y sus granos sueltos y medianos. Los vinos que produce son de un color muy pronunciado, astringentes y ácidos, afrutados y equilibrados en alcohol.

— Grado alcohólico: Medio
— Acidez: Alta
— Aromas: Generalmente a frutas negras ácidas

Subirat Parent (blanca)
Clon de la Malvasía griega, pero con la diferencia de la adaptación al clima mediterráneo del Penedès se asemeja a la Malvasía riojana pero da vinos más dulces.
— Grado alcohólico: Alto
— Acidez: Media-alta
— Aromas: A frutas maduras y miel
— Buqué: Hierbas mediterráneas y miel de acacia

Sumoll (tinta)
Variedad de uva tinta cuyo cultivo se localiza en Cataluña, concretamente en Artés (Bages) y en la Conca de Barberà.
— Grado alcohólico: Medio
— Acidez: Alta
— Aromas: Muy florales con fondos de regaliz y violetas

Syrah (tinta)
Variedad de uva tinta que procede de Persia, Italia y el Ródano francés. Se ha adaptado perfectamente en zonas de Tarragona, Murcia y Aragón. Produce vinos de color muy intenso, muy aromáticos, frutales y especiados.

— Grado alcohólico: Medio-alto
— Acidez: Media-alta
— Aromas: Intensos y complejos. En climas fríos, a fruta menos madura como grosella, frambuesa, aceituna verde, menta y pimienta blanca junto a regaliz y notas de tinta. En climas cálidos, a fruta más madura junto a pimienta negra, zarzamora, grosella negra, regaliz, humo y cereza negra
— Buqué: Destacan los aromas a cuero, café, goma quemada, casis, azúcar moreno, caramelo y uvas pasas en vinos viejos, unido a toques de chocolate negro, vainilla, caza y pimienta

Tannat (tinta)
Su nombre viene de Tánico y es la variedad reina de los vinos de Madiran, en el sudoeste francés.
— Grado alcohólico: Medio-alto
— Acidez: Alta
— Aromas: En su zona natal de Madiran, los nuevos vinos exponen aromas a frutos negros muy potentes, salvajes, con notas herbáceas muy compensadas con la crianza en maderas nuevas, aunque los taninos siempre están presentes. En el Nue-

vo Mundo, por ejemplo Uruguay, los nuevos vinos son musculosos, con un gran potencial de frutos negros, salvajes, con taninos gruesos y muy frutales, fondos especiados y flores amarillas que combinan su estilo

Tempranillo (tinta)

Nuestra joya tinta, se la conoce como Tinto Fino, Ull de Llebre, Tinto País, Tinto Madrid, Sensible, etcétera. Es una de las variedades más abundantes en nuestra geografía vinícola. Se caracteriza por sus racimos de tamaño mediano, compactos, de granos de color azulado, que produce vinos de color rubí, alta acidez y buena graduación alcohólica. En definitiva, grandes vinos aptos para la crianza, aunque su abanico de calidades sea muy amplio.

— Grado alcohólico: Medio-alto
— Acidez : Media-alta
— Aromas: En zonas de La Rioja destacan las notas a cerezas dulces combinadas con frutas silvestres como los arándanos y moras. En la Ribera del Duero, algo más de musculosidad predominando los frutos rojos silvestres (arándanos, moras). En los Riojas clásicos da notas suaves de Pinot Noir, y de grosellas negras; en los Riojas modernos son más concentrados y carnosos. En Toro la maduración y las confituras de ciruelas están más presentes por la insolación durante vendimias. En Sudamérica (Chile y Argentina), sus aromas son más suaves y de confituras con un fondo un tanto herbáceo
— Buqué: Cambia en función del tipo de vino. En los vinos clásicos aparecen más notas de coco (roble americano), junto a ligeras confituras de moras y taninos delgados con un fondo de piel de naranja. En los vinos de corte moderno, la intensidad de frutas maduras de bosque es más intensa unida a vinos más musculosos y carnosos, teniendo en la Ribera del Duero una acidez y notas salvajes más marcadas. No obstante, la crianza siempre marca los aromas a especias (té, clavo, vainillas...), algo de tabaco y cueros finos

Tinta de Toro (tinta)

Es la cepa más importante en la DO Toro. Se supone que se trata de un clon silvestre de la Tempranillo adaptada a la zona. Da excelentes vinos muy aromáticos y con cuerpo.

Los vinos modernos, aunque potentes, son más equilibrados, carnosos, especiados y con notas de humo, cuero y cedro.

— Grado alcohólico: Alto
— Acidez: Media
— Aromas: En su clima, muy caluroso, destacan potentes aromas a ciruelas negras pasas. Como aromas clásicos en los vinos modernos, los aromas viran más a varios frutos negros como la mora y la ciruela, aromas carnosos y un fondo de especias

— Buqué: Los vinos de Toro clásicos ofrecen casi siempre unos aromas de frutas pasas con notas de evolución y alcohol

Tinta Fina (tinta)
También conocida como Tinta País, ambas sinónimas de la Tempranillo, típica en la Ribera del Duero, donde dan vinos diferentes en función del clima y la tierra.
— Grado alcohólico: Medio-alto
— Acidez: Alta
— Aromas: Recuerdan las frutas negras silvestres, como arándanos
— Buqué: Pueden ser muy variados, destacando las frutas negras como arándanos y guindas confitadas con fondos de especias dulces, humo y tabaco

Torrontes (blanca)
Variedad de uva blanca, también conocida con los nombres de Arís, Monastrell Blanco, Tarrantés, Turrontés, Torrantés, etcétera. Se trata de una de las cepas más antiguas de nuestro país cuyo cultivo se circunscribe a Galicia. También es la uva blanca principal de Argentina.
— Grado alcohólico: Medio
— Acidez: Media-alta
— Aromas: Siempre con finales de boca un tanto amoscatelados. En Galicia es más neutra, aunque expresa notas herbáceas. Es en Argentina y en terrenos altos donde existen las mejores, con intensos y fragantes aromas que recuerdan el eucalipto, las frutas tropicales, el muscat e incluso notas especiadas

Touriga (tinta)
Originaria de la zona portuguesa de Douro y muy utilizada en la elaboración del Oporto, así como de los nuevos vinos de esta zona. En España, su cultivo se limita a algunos viñedos de Priorat y Jumilla. Produce vinos de calidad demostrada.
— Grado alcohólico: Alto
— Acidez: Media-alta
— Aromas: Ricos, tánicos y muy frutales en los que destacan tanto frutas rojas como negras (cereza, arándanos y grosellas) y florales muy elegantes
— Buqué: En crianza, que no ha de ser muy larga, el vino se vuelve elegante con notas de tabaco, carnosidad y sedosidad, especias y mucha fruta

Treixadura (blanca)
Variedad de uva blanca considerada autóctona de Galicia, donde también se la conoce como Verdello Rubio. Es la primera variedad de la DO Ribeiro y secundaria en la DO Rías Baixas.
— Grado alcohólico: Medio-bajo
— Acidez: Media-alta

— Aromas: De carácter floral y frutal, destacan los aromas a manzanas maduras con un fondo herbáceo que aporta frescura

Trepat (tinta)
Variedad de uva tinta poco abundante que se localiza sobre todo en Cataluña, formando parte de las DO Conca de Barberà y Costers del Segre, y como Cava rosado. Produce vinos ligeros y aromáticos.
— Grado alcohólico: Medio
— Acidez: Media
— Aromas: Encanto frutal muy mediterráneo como cerezas, ciruelas y toques florales de rosas

Ull de Llebre (blanca)
Véase Tempranillo

Verdejo (blanca)

También conocida como Madrigal o Verdeja, es una de las variedades de uva blanca más cotizadas de la viticultura castellanoleonesa. Su área de producción, por tanto, es la alta meseta castellana (es la cepa principal de la DO Rueda) y Extremadura. Se caracteriza por sus pequeños racimos, con granos de piel gruesa y pulpa jugosa, que sirven para elaborar vinos frescos y equilibrados, de color amarillo verdoso pálido.
— Grado alcohólico: Medio (entre 11,5º y 14º)
— Acidez: Media
— Aromas: Muy florales, con fondo frutal y algo herbáceos, donde destacan el hinojo y las almendras
— Buqué: En cortas crianzas resaltan el fondo floral y la frescura. Tiene un buqué ideal, sin madera

Verdello (blanca)
Variedad de uva blanca que se localiza fundamentalmente en las islas Canarias.
— Grado alcohólico: Medio-alto
— Acidez: Media
— Aromas: Florales que recuerdan el hinojo y las frutas blancas

Verdil (blanca)
Variedad de uva blanca característica del Levante español (Alicante y Murcia, principalmente).
— Grado alcohólico: Medio
— Acidez: Media
— Aromas: Frutales con recuerdos a membrillo

Verdoncho (blanca)

Variedad blanca de cultivo muy disperso en zonas muy concretas de Castilla-La Mancha, como Manchuela.
— Grado alcohólico: Alto
— Acidez: Baja
— Aromas: Frutales de baja intensidad

Verdot (Petit) (tinta)

Cepa muy característica del sudoeste de Francia, localizada originariamente en la región de Burdeos. En la actualidad España es el país que cuenta con una mayor extensión de cultivo de esta singular cepa. En el Mediterráneo puede ser vinosa y con gran potencial.
— Grado alcohólico: Medio-alto
— Acidez: Alta
— Aromas: En climas fríos, fruta menos madura que recuerda a frutos negros, pero con sabores verdosos. En climas cálidos, fruta muy madura, intensa y que recuerda las confituras de moras acompañadas de especias
— Buqué: Intensos y marcados por la confitura de moras con un fondo de especias, regaliz, tabaco...

Vigiriega/o (blanca)

Esta variedad blanca sólo se encuentra en las comarcas granadinas de las Alpujarras y en la isla de Tenerife.
— Grado alcohólico: Alto
— Acidez: Baja
— Aromas: Recuerdos a almendras

Viognier (blanca)

Gran variedad blanca del Ródano alto y frío. En España hay muy poca producción y aún son escasos los vinos de esta uva; sin embargo, algunos son realmente interesantes, sobre todo en Cataluña, centro de la Península y Jumilla.
— Grado alcohólico: Alto
— Acidez: Baja-media
— Aromas: De textura de seda y cerosa en vinos jóvenes o de evolución en botella. Destaca el aroma a melocotón y albaricoque, unido a un perfume que a veces recuerda la violeta, cuando proviene de terruños ricos en granito
— Buqué: Especial y agradable el aportado con reposo en botella, pero algunos fermentados en barrica son complejos y especiales

Viura

Véase Macabeo

Xarel·lo (blanca)
Tiene otras denominaciones: Cartoixa, Cartuxá, Moll, Pansà, Pansal, Pansalet, Pansar, Prensal, Xarelo, Viñate, Vinyater, etcétera. Variedad de uvas blancas cultivada principalmente en Cataluña. Numerosas DO la utilizan como variedad principal, entre ellas: Cava, Alella, Costers del Segre, Penedès y Tarragona. Se caracteriza por sus racimos medianos y compactos de granos de color amarillo.
— Grado alcohólico: Alto
— Acidez: Media-alta
— Aromas: Florales y ligeramente anisados, en los vinos jóvenes recuerdan al hinojo y heno
— Buqué: Debido a su buen grado, algunos mejoran con la crianza en madera, exponiendo un vino con un carácter marcado por la fruta blanca de piel gruesa y notas florales con un fondo vinoso

Zalema (blanca)
Esta variedad de uva blanca, que recibe otros nombres como Grazalema y Zalemo, es autóctona de la Andalucía occidental. Es la cepa más importante de la DO Condado de Huelva. Sus racimos son de gran formato, con granos algo sueltos y redondos de color ámbar, con los que se elaboran vinos de color amarillo; también por su ligereza y aromas frutales pueden ser destinados a la crianza de vinos generosos.
— Grado alcohólico: Medio (entre 11º y 14º)
— Acidez: Baja
— Aromas: Aunque escasa en aromas, destacan las frutas blancas

GLOSARIO

Abocado Es un vino con cierto sabor dulce que se sitúa entre los 5 y 15 gramos de azúcares por litro.

Aceitoso Se trata de un concepto de vino oleoso, que se produce por la enfermedad de la grasa o por el triturado de las pepitas.

Acerado Es un matiz de coloración en los vinos blancos jóvenes, que suelen tener un amarillo muy pálido y recuerdan el color del acero.

Acerbo Este término se utiliza cuando un vino es áspero, duro y ácido, y procede de uvas inmaduras.

Acetaldehído Es un sinónimo de aldehído acético, sustancia resultante de la oxidación de los alcoholes etílicos que da a los vinos unos sabores muy desagradables.

Acetato de etilo Se trata de un éster del ácido acético (vinagre) y del alcohol etílico, por otra parte natural de los vinos de crianza. Este aroma es el responsable de la denominada *acidez volátil*.

Acidez La acidez es el conjunto de los diferentes ácidos orgánicos que se encuentran en el mosto y después en el vino. La acidez puede ser fija (ácidos naturales procedentes de la uva) o volátil (ácidos formados durante la fermentación).

La acidez total es el conjunto de la acidez fija más la acidez volátil, o sea, todos los ácidos de los que se compone el vino, y se suele expresar utilizando la medida del ácido tartárico por litro de vino/líquido.

Ácido acético Es el producto (ácido) resultante de la oxidación del alcohol del vino y sabe a vinagre, que es lo que es.

Ácido málico Es el ácido que se encuentra en las uvas verdes, duro y acerbo.

Acidoso Sabor típico que se aprecia en un vino verde, o sea, de uvas verdes, con un pH medio inferior a 3,2.

Acorchado Típico vino con sabor a corcho, tapón, bouchone, que tiene como origen un corcho de mala calidad.

Acre Dícese de un vino rico en taninos y ácidos.

Acuoso Vino que da la sensación de aguado.

Adulterado Es un vino al cual se le han añadido productos no permitidos.

Afrutado Vino que huele y sabe a fruta.

Agresivo Vino con un sabor demasiado fuerte. En ocasiones, los vinos tánicos se suelen calificar de esta forma.

Aguado Vino débil en color, alcohol, acidez y cuerpo.

Aguja Vino que conserva una parte de CO_2 generada por una fermentación expresa; este CO_2 se percibe en el paladar como ligeramente picante.

Ahilado Es un vino enfermo por el ataque de unas bacterias anaerobias. Es turbio, viscoso y al servirlo presenta una visión como de hilos.

Alcohólico Vino que expresa su riqueza alcohólica tanto en el olfato como en la boca.

Aliáceo Es un vino, generalmente joven, que huele a ajos porque tiene o ha tenido sulfhídrico y mercaptanos.

Almendrado Término que se utiliza para definir los vinos que tienen aromas que recuerdan a este fruto seco (almendra seca o amarga).

Alterado Es un vino desequilibrado, que se ha estropeado de forma natural o artificial.

Amargo Vino que recuerda el sabor del sulfato de quinina, como producto de una elaboración con problemas.

Ambarino Color típico de los vinos blancos, bien porque son viejos y evolucionan a este color, o bien porque son vinos blancos dulces o generosos.

Amistelado Vino elaborado con zumo de uva más alcohol vínico que tiene sabor a mistela.

Amontillado Es un vino generoso seco (con versiones de abocado, dulce, etcétera), de color ámbar, aroma punzante y que recuerda a la avellana, suave y lleno en boca, con un grado alcohólico entre los 16º y 18º.

Amoscatelado Vino blanco con perfume a uva moscatel.

Amplio Vino intenso tanto en nariz como en boca (aunque es un término más de boca).

Anubado Vino blanco grisáceo y empañado.

Añada (cosecha, millésime y vintage) Vino de un mismo año o cosecha.

Apagado Término para describir un vino plano, sin ninguna peculiaridad.

Ardiente Así se denomina un vino con exceso de alcohol o incluso de polifenoles, hiere el final de la boca.

Ardor (que produce) Sensación gástrica negativa (ardor de estómago), producto de una acidez muy elevada y pH muy bajo. Típico de climas fríos.

Armónico Es un vino equilibrado, grato y armónico como resultado de un aroma y sabor persistente y largo.

Aroma Conjunto de valores olfativos y gustativos compuestos por todos los aromas del vino (primarios-uva, secundarios-fermentación y terciarios-crianza).

Aromático Término utilizado para definir un vino intenso en aromas, fragante y perfumado.

Aromatizado Producto resultante de la mezcla entre un vino y diversos aromas, como por ejemplo, un vermout.

Áspero Vino con un sabor duro y astringente como consecuencia de un exceso de taninos.

Astringencia Sensación en boca, lengua y encías de aspereza y sequedad, producida por los taninos.

Atemperar Elevar la temperatura de conservación de un vino a la temperatura de servicio.

Aterciopelado Vino sedoso, de excelente tacto al paladar, suave y fino.

Austero Vino equilibrado pero con falta de cualidades.

Avinagrado Vino picado por la acción de la bacteria del vinagre (ácido acético volátil).

Balsámico Con aromas persistentes y penetrantes, que pueden proceder tanto de crianzas oxidativas como de los aromas de las barricas y sus tratamientos.
Barrica Recipiente de madera por lo general de roble y con una capacidad que varía según zonas y modas entre los 225, 228, 300 o más litros.
Basto Es un vino vulgar, falto de finura.
Bitartratos Son las sales de ácido tartárico, componente natural de los vinos, que precipita o bien por la acción del frío (vino blanco joven), o bien por el alcohol (vino tinto).
Blanco Vino blanco procedente de uvas blancas.
Bocoy Recipiente de madera, denominado también tonel, con una capacidad de 600 o más litros.
Bota Recipiente de madera, típico de la zona de Jerez, con una capacidad de 500 litros o más.
Botritis Se trata de la llamada *Botritis cinérea*, *Podredumbre noble de la uva*. Hongo microscópico responsable del podrido de las uvas, que produce una enzima oxidante denominada lacasa y que es la responsable de los grandes vinos licorosos de botritis.
Bouchone Vino con sabor a corcho contaminado o TCA (tricloroanisol).
Buqué Término para definir el conjunto olfatogustativo que el vino adquiere durante su crianza (oxidativa o reductiva).
Breve Vino corto en persistencia aromática.
Brillante Vino limpio y transparente; la acidez es la responsable del brillo.
Butírico Vino alterado con sabor a rancio.

Cabezón Vino con exceso de alcohol y que produce dolor de cabeza.
Cálido Describe un vino que produce sensación agradable como consecuencia de un grado alcohólico equilibrado.
Caliente Término que describe las sensaciones de calor aportadas por el alcohol, la glicerina, etcétera.
Capa Es la medida que se utiliza para medir la intensidad del color de los vinos, puede ser: baja, media, alta o términos intermedios.
Caramelo (acaramelado) Este sabor puede proceder de vinos mal elaborados, o bien de una sensación aromática en boca procedente del tostado de la madera o la maduración de las uvas.
Carnoso Vino con buen cuerpo, lleno y pleno en boca.
Cobre (sabor a) Los vinos ricos en cobre son un tipo de vino áspero y que

penetra en el paladar dando unos sabores amargos, incluso una vez después de ingeridos.

Cocido Término que define los vinos con este sabor.

Corona Parte de la espuma en un cava o champagne, etcétera, que queda en la parte superior de la copa y pegada al vidrio.

Corto Vino que dura poco en boca.

Cristalino Término utilizado para describir los vinos con máxima limpieza y que brillan como el cristal. Generalmente blancos.

Cuerpo Conjunto de elementos como alcohol, extracto seco (masa polifenólica) y otros elementos sápidos que dan esta sensación en boca.

Decrépito Vino sin virtudes por exceso de vejez.

Delgado Vino ligero tanto en cuerpo como en aromas y sabores.

Descolorido Se denomina así a un vino con falta de color o sin color, por diferentes tratamientos, como uso de clarificantes, filtrados de carbón, adición de anhídrido sulfuroso, etcétera.

Desequilibrado Ausencia de equilibrio entre los diferentes componentes; unos pueden estar en exceso y los otros en defecto.

Desvaído Vino corto y plano en aromas.

Dulce Más de 50 gramos de azúcar por litro.

Dulzón Ligeramente dulce.

Duro Ácido, astringente y con falta de finura.

Edulcorado Vino dulce, pero sin identificar la glucosa.

Elegante Término un tanto complejo, que se suele usar más en los vinos armoniosos y equilibrados.

Encabezado Adición de alcohol vínico a los vinos.

Envinar Acto de enjuagar la copa con vino.

Equilibrado Vino con calidad respecto a los aromas y sabores; se usa más para definir el vino en boca.

Espeso Vino con sensación pesada, común y recio.

Éster Es la combinación formada por la reacción de un alcohol con un ácido, con resultados muy volátiles.

Estructura Término para definir en un vino el conjunto de los componentes fundamentales constituidos por: grado alcohólico, constituyentes del extracto seco, etcétera.

Etéreo Así se suele denominar un vino en el que los ésteres con alta volatilidad comunican con el olfato.

Fino Término para definir el aroma delicado de un vino. También para denominar un tipo de vino de Jerez.

Florido Que recuerda el perfume de las flores.

Franco Vino que se muestra tal como es, en el que los aromas y sabores son claros y limpios.

Fresco Término que define la sensación de frescor del vino en la boca, debido al ácido y también al carbónico. Generalmente son vinos jóvenes.

Frío Término un tanto confuso y de poca utilización. Vino con un grado alcohólico pobre y ligero de cuerpo.

Frutoso Variación de afrutado, aunque define más la fruta muy madura.

Fuerte Se aplica a varios vinos y se refiere tanto al color como al alcohol y sabor.

Generoso Vino entre 14º y 23º, siendo los de más alta graduación producto de una fermentación parcial detenida con alcohol o total con adición de alcohol. Pueden ser secos, abocados, dulces y de sabores intermedios.

Geraniol Es un aroma que recuerda al geranio, típico de uvas como la Gewürztraminer. También se produce por la degradación del ácido sórbico cuando éste se adiciona al vino.

Glicerina Es la sustancia que da al vino suavidad y procede de la fermentación del mosto; tiene sabor dulce.

Grasa *Véase ahilado.*

Heces Es la masa sedimentada en los tintos y en los recipientes de fermentación formada por sustancias orgánicas, sales minerales y otros residuos de fermentación y de clarificación, como los tartratos.

Cuando se habla de sabor a heces, se refiere al sabor desagradable producido por vinos que han estado demasiado tiempo en contacto con ellas.

Herbáceo Sabor desagradable a raspón, uvas verdes y/o prensado.

Híbrido Cruce entre una cepa americana y otra europea *(Vitis vinífera)*, también son los denominados HPD (híbridos productores directos). Es un cruce entre una vitis y un arbusto de la misma familia, como un rosal.

Hollejo Es la piel de la uva, en ella se encuentran materias como el color y los aromas.

Joven Vino que sale al mercado y se consume inmediatamente o muy poco después de la fermentación.

Ladrillo Término para definir color en vinos tintos evolucionados o viejos.

Lágrima Mosto producto del escurrido de los racimos sin prensar.

Lágrimas Gotas en forma de lágrima que se deslizan por las paredes interiores de la copa y que son producto de vinos ricos en alcohol y glicerina.

Largo Vino persistente en boca.

Levadura Hongo unicelular silvestre o domesticado que tiene la particularidad de producir la fermentación consumiendo azúcar y produciendo alcohol y CO_2. Aroma y sabor típico de vinos jóvenes.

Lías Son los sedimentos que quedan en los recipientes de fermentación una vez finalizada la misma. El sabor a lías es un defecto por un exceso de contacto de éstas con el vino.

Licoroso Es un término que define un vino denso por cantidad de azúcares, generalmente más de 50 gramos por litro.

Ligero Término que se aplica a un vino con poco grado y cuerpo.

Maderizado En un blanco puede referirse al color de un vino oxidado, pero también con un intenso olor a madera, vieja o no. En un tinto se refiere más a aroma y sabor; dícese de los vinos con un exceso de sabor a madera.

Mercaptano Este olor se produce en los envases mal cuidados y es debido al sulfuroso de hidrógeno procedente de la fermentación.

Moho Olor que puede proceder de vinos elaborados con uvas enmohecidas o de recipientes con falta de limpieza y que contenían mohos.

Mordiente Término utilizado para definir vinos ácidos y, como consecuencia, desagradables.

Morapio Término que define un color de los vinos tintos debido a la falta de acidez.

Mosto Zumo de la uva destinado a la fermentación.

Mosto flor Mosto de máxima calidad, definido como Mosto Lágrima o Yema, de uvas sin estrujar.

Mosto-vino Mosto en fermentación que ni es mosto ni es vino.

Muerto Vino acabado, sin vida.

Nervio Sensación que depende de la acidez de los vinos. Un vino nervioso es un vino rico en acidez.

Noble Término que define un vino de calidad, generalmente elaborado con variedades de uvas nobles.

Nuevo Vino que sale antes de Navidad, que también es un vino joven.

Oxidado Término para denominar los vinos con una alteración de aromas producto de un exceso de contacto con el oxígeno.

Oxidación Define el proceso mediante el cual al vino se le adiciona cierta cantidad de oxígeno, lo que afecta a sus cualidades en función del tipo de vino y crianza.

Pajarete Vino generoso y/o licoroso de crianza oxidativa y elaborado tradicionalmente en el monasterio de Pajarete, en Jerez de la Frontera.

Pálido Falta de color en vinos blancos y rosados.

Pajarilla Vino pálido y generoso, típico de Cariñena.

Pasado Vino muerto, rancio y sin atributos.

Peleón Vino vulgar, corriente.

Perfumado Aromático.

Persistencia Indica el tiempo que se mantienen las sensaciones olfatogustativas de un vino en boca una vez se expulsa o ingiere. Se mide por caudalías.

Personalidad Se atribuye a un vino con carácter y franco.

Pesado Es un vino difícil de tomar.

Picado Vino avinagrado.

Picante Sensación producida por el CO_2.

Quiebra En general es un vino turbio afectado por un exceso de aire, cobre, hierro, etcétera.

Rama (en) Vino nuevo que no se ha clarificado.

Rancio Olor a oxidado en vinos normales y típico en vinos sometidos a crianzas oxidativas o expresamente enranciados.

Raspón Sabor amargo y desagradable producido por el escobajo o raspón de una elaboración defectuosa.

Recio Vino con cuerpo, consistente.

Redondo Vino armonioso, equilibrado, pleno, con todas las virtudes y sin aristas.

Reducción Cuando se aplica a un aroma se refiere a uno a cerrado, reductivo. Cuando se refiere a crianza define los vinos criados en botella, sin presencia de oxígeno a excepción del de la botella.

Requemado Generalmente procede de vinos recalentados en presencia de oxígeno, y también tiene como origen el aportado por algunas barricas con exceso de tostado.

Resina (sabor a) Suele estar presente en vinos criados en maderas de pino o con virutas de roble.

Retrogusto Define la sensación que vuelve a la boca después de haber ingerido el vino.

Robusto Se dice de aquellos vinos que son ricos en color y grado, y que carecen de finura.

Sabroso Vino agradable y marcado por la fruta.

Seco Vino sin restos de azúcares, o bien los permitidos según el país.

Sedimentos Son los depósitos o posos que se forman en el vino con la vejez o precipitación de materia colorante, etcétera.

Sedoso Vino aterciopelado, suave...

Suave Vino agradable al paladar y armonioso.

Sulfhídrico Olor desagradable producido por la alteración del anhídrido sulfuroso y que recuerda a los huevos podridos.

Sulfuroso (sabor a) Es un olor defectuoso de los vinos que tienen una concentración excesiva de anhídrido sulfuroso.

Sutil Vino delicado y fino.

Terroso Vino con sabor a tierra.

Típico Vino con características de una zona o comarca.

Tranquilo Vino sin presencia de CO_2.

Turbio Vino con partículas en suspensión y sin limpidez.

Untuoso Término que define un vino fluido y graso, aquel que impregna la boca.

Vacío Vino plano, sin sabor.

Valeriánico Es un ácido que altera los vinos y produce aromas a queso fermentado.

Velado Con limpidez alterada.

Viejo Pasado y que denota edad.

Vinosidad Término que define un vino aromático y de sensación sabrosa y agradable.

Vinoso Término que define un vino rico en aroma alcohólico y extracto.

Vinazas Olor desagradable a suciedad que persiste después de ingerir o expulsar el vino.

Vivo Un vino ligeramente ácido.
Vuelto Define un vino con baja acidez fija, exceso de acidez volátil, ligeramente agrio y con olores a col fermentada.

Yema Sinónimo de Mosto Lágrima.
Yodado Término que define matices de color en los vinos.

Este libro se imprimió
en Egedsa
en febrero de 2006